豪華寝台列車とローカル線の旅

一個人編集部 編

CONTENTS

＊本書は月刊『一個人』2007年2月号、2008年1月号を再編集したものです。
実際に旅行される際は現在の時刻表でのご確認をお願いいたします。

信越本線関山駅付近から見た標高2454メートルの妙高山（快速列車「妙高号」より）。撮影／松尾定行

乗り比べ！

か列車の旅

山間を抜けて平地に出た瞬間広がった雪景色―。
列車の窓から見えた一瞬の冬の絶景に
感動したことはありませんか。
そして、冬ならではの雪見露天風呂と、
旬の味覚の愉しみの数々。
今回の特集では、寝台列車、
ローカル列車に乗って見つけた
冬のあったか感動旅を集めてみました。

冬の豪華寝台列車から期間限定の特別列車まで

冬のあった

トラベルミステリーの大家が列車旅の㊙愉しみ方を初公開

「旅には夜汽車がいちばんいい」
幼少のころから鉄道に親しみ、列車の旅を愛してきた作家・西村京太郎さんが、トワイライトエクスプレスに乗って北の大地へと旅立った。
大阪―札幌間1495・7キロ
日本海に沿って北上する豪華寝台特急の一夜がはじまる。

夢の1号車1号室（展望スイート）でくつろぐ西村夫妻。氏の作品の中で大事件の舞台となった場所である。

西村京太郎が乗る トワイライトエクスプレス スイート展望車の旅

TWILIGHT EXPRESS

にしむら・きょうたろう

推理作家。多彩な分野に及ぶ作品はすでに400を超える。とりわけ「トラベルミステリー」と呼ばれる作品群で知られ、鉄道を舞台にした作品を中心に巧みな物語を生み出している。十津川警部シリーズでは亀井刑事とともに全国を舞台に次々と難事件を解決。読み応えのある作品が幅広い読者の支持を得る。1930年9月6日生まれ。

大阪駅への入線は11時27分。最長距離列車にふさわしい余裕を持った旅立ちだ。スター列車の登場に、カメラを向ける人の姿も。

大阪発12時。札幌まで21時間余 1500キロの最高に贅沢な旅へ

濃緑の車両の扉をくぐる。これから21時間余をかけて札幌まで過ごす空間が、そこには待っている。旅への期待は最高潮を迎えた。

「札幌」の文字が旅情をかきたてる。「トワイライトエクスプレス」の大阪発時刻は、1989年の登場以来不変。

A個室には食堂車からウェルカムドリンクがサービスされる。こうしたもてなしも「トワイライト」の価値を支えている。

大阪駅10番線——。

冬の北国に向かう夜行列車のドアをくぐったのは、作家の西村京太郎夫妻だ。「トワイライトエクスプレス」札幌ゆき。西村夫妻が腰を落ち着かせたのは、最後尾に設けられている2人用A個室寝台スイート。ダブルベッドの備えられた展望タイプの個室で、1495・7キロに及ぶ旅路を走り去る車窓とともに楽しめるただ1室のプレミアムルームである。

「10年ぶりぐらいでしょうか。ビデオモニタが大きくなったし、室内装飾が以前よりも洗練されたようにみえますね」

正午ちょうど。発車合図とともに、列車は大阪の街から静かに離れていく。

「若いころから夜行列車が大好きでね、アテもなしに夜汽車に乗ったものです。十和田湖や山陰の海岸などへ、夜行といってももっぱら〝どん行〟でしたが」

西村さんといえば「トラベルミステリー」。その嚆矢となった『寝台特急殺人事件』では、夜汽車を舞台に事件を目論む犯人との戦いを描いた。『豪華特急トワイライト殺人事件』では、走り続ける列車のなかで、姿を現わさない冷酷な犯人との駆け引きがスリルを誘った。しか

し、殺伐とした事件を描きつつも、西村作品にはどこか情感が伴う。その源泉が、語り口のなかににじみでるようだ。

「21時間7分の旅ですか。終着駅は彼方。今夜は存分にくつろぎますよ」

　琵琶湖西岸を走り抜けた列車は、北陸路にシーンを進めた。

「ただいま右に窺えますのが白山でございます」

　ときおり、車窓ポイントの紹介が放送される。日本海の眺めをテーマとした列車だが、立山連峰をはじめとする山岳風景にも見どころが少なくない。

「簡潔さがいいです。以前、〝見事な眺めにみなさん目をみはります〟のような案内に辟易としたことがあったけれど、紋切り型の説明ならいらない。この列車の案内は気持ちよく聞けます。車内放送を覚えて小説に使うこともありますよ」

　富山県に入ると、主役は立山になる。雪の稜線を染める夕陽の照り返しが、車内をきらびやかに飾り立てた。

　魚津付近からは日本海が左の車窓に見え隠れしてくる。山岳が海岸に迫り出す厳しい地形をトンネルで抜けると小さな港町が現れ、ときに海岸線を目前にして列車がひた走る。

「夜行の眺めというのがあります。こうしてところどころに過ぎてゆく街灯りとかね。そういうのをただボーっとみつめているのが好きなんですよ」

　心地よい振動を伴った暖かな車内から見知らぬ家々の灯りを追う。夜を迎えた「トワイライトエクスプレス」の道往きは、人恋しさを噛み締める旅でもある。

北陸本線沿いの山岳風景も「トワイライト」の旅の楽しみ。天候に恵まれたこの日は、雪の稜線があざやかに赤く染まってみえた。

トワイライトタイムをサロンカーで過ごす。室内のインテリアが、たそがれどきの車窓に溶け込み、映える。

雪の北陸本線を駆ける「トワイライトエクスプレス」。ボディーカラーの濃緑は日本海を、黄色の帯はたそがれを表現している。

WEST JAPAN
DINER
Pleiades

EF81104

DD51 1100
Twilight Express

ディナータイムは夜のクライマックス
夜を徹して、列車は北の都を目指す

ステンドグラスやロマンシェードカーテンが配された食堂車「ダイナープレヤデス」。ディナーへの期待が高まる。

EXPRESS

列車が日本海と出会ったころ、食堂車「ダイナープレヤデス」ではディナータイムがはじまった。夕食は予約制で、フランス料理のフルコースが味わえる。

「食堂車は大好きです。むかしは大半の夜行列車にあったので、よく足を運んだものです」

席につく西村さんに笑みがこぼれる。

「食堂車が、この〈トワイライト〉と〈北斗星〉、〈カシオペア〉だけになってしま

ご夫妻水入らずで乾杯。アルコール類の品揃えも豊富だ。ディナータイム終了後はパブタイムとなり、予約なしで利用できる。

❶「アミューズ・グール（カリフラワーのムース　フルーツトマトのクーリ添え)」❷「帆立貝とフォアグラのキャベツ包み トリュフのソース」❸「マッシュルームのスープ カプチーノ仕立て」❹「アンコウのロースト 椎茸とほうれん草添え シェリービネガーのソース」❺「黒毛和牛のローストと赤ワイン煮込みの二種盛り合わせ」❻「フレッシュフランボワーズのミルフィーユ仕立て」料理内容は2カ月ごとに変更。

北海道の冬は厳しい。厳寒の鉄路を「トワイライトエクスプレス」が駆けてゆく。早暁の大地。乗客たちはまだ夢のなかだろうか。

(上)青函トンネルは3時10分〜50分ごろに通過。途中、2カ所ある海底駅の灯が、光の束となってサロンカーの窓辺を通り過ぎていった。
(下)夜明けの遅い冬、内浦湾の彼方から新たな1日が列車に運ばれてきた。夜行列車で迎える朝はやはりロマンチックだ。

朝食は前日に食堂車スタッフが予約を受け、時間を指定して和食と洋食(1575円)から選ぶ。刻々と移りゆく車窓に朝の会話も弾む。

ジェットなら2時間ほどの距離を、ほぼまる1日をかけて札幌駅に着いた。「夜行列車の旅は、やはりすばらしい」と西村さん。

TWILIGHT

ったのは寂しいですよ。列車のなかで温かな料理を味わえるというのは素晴らしいことだと思うのですが」

ご夫人の好みで選ばれたおたるワイン・ロゼで軽く口を湿らせ、ひとつひとつ訪れる料理との出会いを楽しむ。

料理は前菜のアミューズ・グールにはじまり、帆立貝とフォワグラのキャベツ包みトリュフのソース、マッシュルームのスープ・カプチーノ仕立てへと続く。いずれも手の込んだ仕上がりである。

「おいしいでしょう?」

「うん」

ご夫妻の簡潔な対話は、味わっている満足げな表情を補足したにすぎない。

列車は新津を最後に本州側での乗降が終わり、夜の深みに向かって走ってゆく。途中、青森信号場から津軽海峡線に針路をとった列車は、深夜3時台に青函トンネルを通過。乗客の夢とともに雪の大地へと歩みを進めていった。

「みなさまおはようございます」

6時すぎ、洞爺到着を前にして「トワイライト」の朝がはじまった。

「ぐっすりと眠れましたよ」

スイートでは、ソファーに身体をあずけて早暁の内浦湾を眺める西村夫妻の姿があった。ふだん、列車取材のときには一睡もしないという西村さんだが、この旅では十分にリラックスできたようだ。

「今度は食堂車を題材に作品を編んでみたいですね」

旅の終章。札幌到着を控え、西村さんの表情を窺うと、つぎなる作品の構想が芽生えているようにみえた。

スイートの乗客だけにプレゼントされる乗車証明書。「西村京太郎記念館(神奈川県湯河原町)に展示しましょう!」と奥さん。

●運行日　大阪発は月・水・金・土曜と12月29〜1月3日、31〜2月12日(札幌発は火・木・土・日曜と12月30〜1月4日、2月1日〜13日)

●運転時間　大阪発12：00→札幌着9：07(21時間7分)、札幌発14：05→大阪着12：52(22時間47分)

●運賃＋料金(1名分)　スイート：4万4810円(2万8860円)、ロイヤル：3万6500円(2万8860円)、ツイン：2万7480円、シングルツイン：2万8490円(2万4570円)、Bコンパート：2万5620円(( )内は補助ベッド利用分。スイートは3名まで、ロイヤルとシングルツインは2名まで利用可)

●食事　夕食は乗車1カ月前から5日前までにみどりの窓口などで予約。フランス料理(1万2000円)と日本海会席御膳(6000円)の2種。御膳は寝台かサロンカーでの利用。時間は17時30分と19時30分の2回。

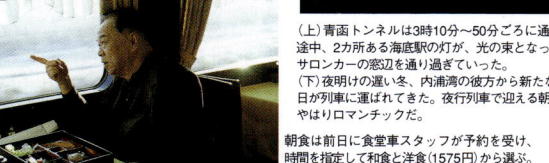

『豪華特急トワイライト殺人事件』の作品舞台を歩く

ミステリーを解く鍵 1 列車の編成と全客室を調べる

『豪華特急トワイライト殺人事件』は、大阪に向かってひた走る車内という特殊な舞台設定。舞台装置としてまず考えられるのは、さまざまなタイプの個室寝台からなる居住スペースと、サロンカーや食堂車などのパブリックスペースだ。

「各部屋の構造など、調べられることは前もって調べておきますが、実際にみると異なることもあって、取材が重要です。扉の形状やベッドのつくりなども、ひとつひとつ検証しなければ話には活かせません」

作品のなかでは、ここで紹介する客室や設備が、それぞれの特徴を活かされて登場する。

「それと乗客の様子。作品のなかのエピソードのいくつかは、取材のときに実際に見聞きしたことが反映されています」

舞台を躍動させるということは、その魅力を存分に描くということでもある。ここでは、その装置の数々を紹介しよう。

A個室スイート

編成内に2室設けられた2人用A個室寝台。ソファーセットを配した居室とベッドルームからなり、専用のシャワールームとトイレ、ビデオモニタなどを完備。下りでは1号車スイートが最後尾（青森信号場～五稜郭間を除く）で、展望車としてとくに人気を集め、ステイタスシンボルにもなっている。

ホテル並の設備を持つロイヤル。インターホンを通じて食堂車のルームサービスの利用もできる。

A個室ロイヤル

1・2号車に8室あるA個室寝台。「北斗星」でデビューして以来、豪華寝台車の代名詞として活躍する人気寝台だ。基本的には1人用だが、ソファーベッドは電動でダブルベッドに早変わりし、追加料金を払えば2人利用が可能。そのためひとり旅だけでなくカップルの旅などにも親しまれている。室内には折り畳み式トイレと洗面台を持つシャワールームのほか、ビデオモニタなどを備える。

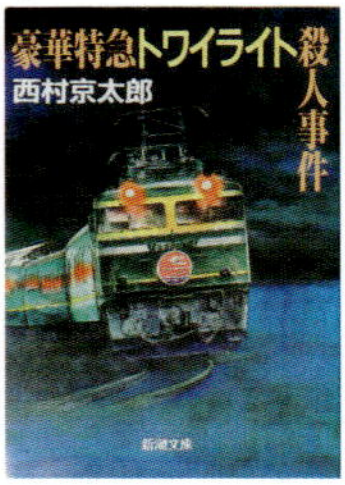

『豪華特急トワイライト殺人事件』（新潮文庫・476円＋税）

北海道旅行を楽しんだ十津川警部夫妻は、帰路にトワイライトエクスプレスを選んだ。しかし、偶然にして十津川が以前に逮捕した男が同乗。旅に不穏な気配が漂う。夜を徹して走る続ける車内で起こる殺人予告。やがて現実に殺人事件が起きて……。

EXPRESS

トワイライトエクスプレス編成図

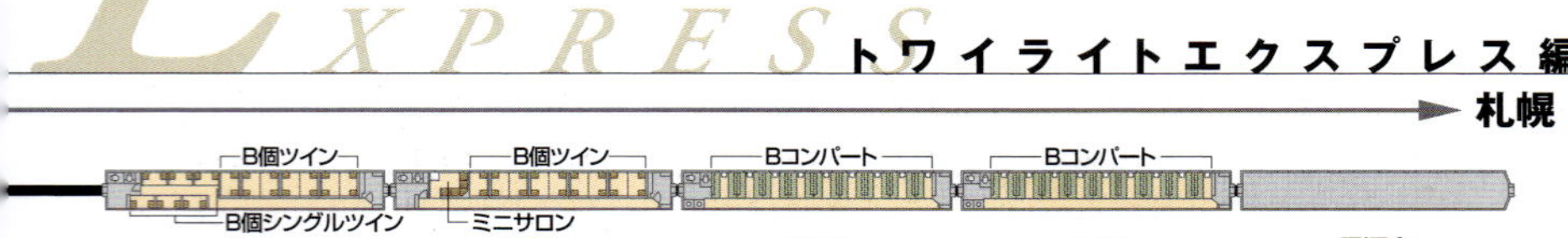

2号車では車両中央に配置され、ソファー部にはサロンカー級のパノラマウィンドウを持つ。

2号車スイートは揺れの少ない車両中央にあり、ベットを線路と平行に配置。トイレなどを含めて実質的な居住性が高められている。

B個室ツイン

標準タイプの2人用個室寝台で、5~7号車に23室がある。日本海側に向かって櫛形に配置、上下2段にとられた窓を持つ室内は、ライト感覚にまとめられ明るい。ベッドは一般のB寝台と同様に2段式だが、下段ベッドは手動で対面式のソファーに転換でき、上段はボタン操作で上げ下げができるなど、昼間の居住性にも配慮されているのが特徴。BGM装置が備えられている。

昼間の状態にしたツイン。ひとりが車窓に背を向ける恰好だが、室内空間には余裕があるので気ままなスタイルで過ごせばいい。

B個室シングルツイン

一見、不思議な名前が示すとおり、1人用のB個室寝台だが、上段に固定されたエキストラベッドを使うことにより2人利用が可能。下段ベッドはツインと同じ折り畳みタイプで、就寝時には手動でベッドに転換する。5・6号車に6室ずつある半数は本州山側に配置。北陸の山岳風景や琵琶湖、北海道側では内浦湾が望めるなど、「トワイライト」の隠れた注目個室にもなっている。

シングルツインは線路と平行にベッドを配置。やや手狭な印象もあるが、車窓を眺めながら落ち着いた旅の時間を過ごせる。

Bコンパート

寝台列車の標準ともいえる2段式B寝台車の区画ごとにガラス戸をつけた簡易個室。最大の特徴はこのタイプのみ部屋売りではなくベッドごとの予約ということで、見知らぬ人との出会いや会話など、ほかの個室寝台にはない魅力もある。もちろんベッドごとにカーテンがつくので、あるていどのプライバシーは保てるし、4人揃えば1区画を個室とすることも可能だ。

Bコンパートは一般型のB寝台に扉をつけたタイプだが、従来型とはいくぶん印象が異なる。もちろんパジャマや毛布などは完備。

パブリックスペース

共用空間の充実も「トワイライト」の一大特徴。4号車サロンカーは列車の社交場として深夜にまで賑わう。7号車にはミニロビーがあり、ソファーセットや飲み物の自販機を備える(4号車にはおつまみも)。シャワールームは4号車に2室。有料で誰でも利用できる。

(右)サロンカーにあるシャワールームは1回310円。食堂車でカードを購入。(左)7号車にあるミニロビー。(中)サロンカーの自販機にはソフトドリンクのほかお菓子類も。

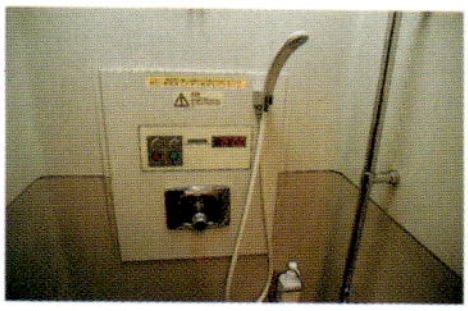

A個室シャワーは延べ25分間利用できる。温度調節も自在だ。

スイートに備えられるバスローブ。贅沢気分を演出するミニアイテム。

従来の浴衣とは異なり、各寝台のパジャマも専用のタイプが用意される。

A個室にはエンブレム入りの使い捨てスリッパが備えられ、持ち帰りも自由。

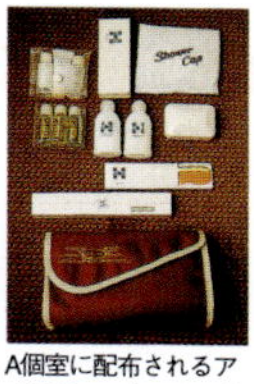

A個室に配布されるアメニティーセット。シャンプーや化粧品などをコンパクトに収納。

TWILIGHT

大阪

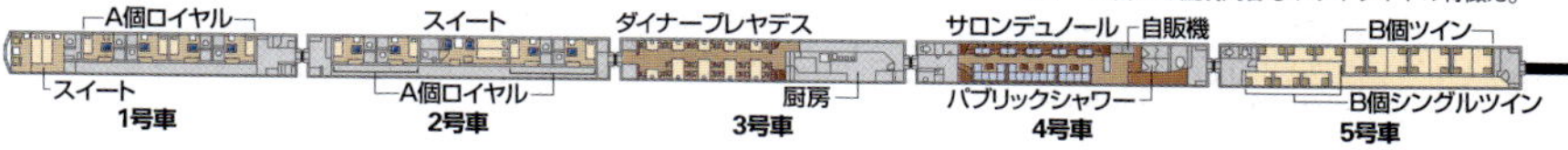

編成表をみれば列車の部屋割りが一目瞭然。バラエティーに富んだ編成内容もトワイライトの特徴だ。

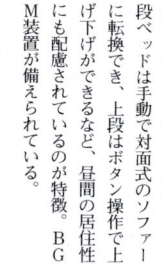

ミステリーを解く鍵 2

密室の中に潜む死角を探す

4号車サロンデュノール
深夜まで賑わうサロンデュノール。個室で過ごす個の時間が、サロンでは見知らぬ同士での語らいの場面となる。

「まさか『死体を隠すにはどこがいいか？』なんて乗務員には訊けないし」と笑う西村さんが取材時に必ず心掛けるのは、車両の内外を先頭からお尻まで調べてゆくことだという。

「車内にあるちょっとした死角などもあればチェックします。客室や客席はもちろん、通路やトイレなどにもそれはある。そうした鉄道車両に共通する構造だけでなく、列車ごとの接客設備も同じですね。サロンカーや食堂車なども、実際に目と足で確かめながら、それをどのようにストーリーに活かしていくかを考えるのです」

　実際の作品では、舞台となる列車の特徴ともいえる代表的設備だけでなく、意外なスペースが事件現場になったり、トリックに使われることが多い。

「トワイライトの場合、まず個室寝台中心だということ。それも切符がなかなか入手できない人気寝台や格段の広さを持つ個室があるという特性があります。鍵をかけた個室は密室ですよ」

　個室のなかにはベッドだけでなく荷物棚や部屋によってはシャワールームまである。しかも、いったん個室の扉を締切ってしまえば、室内の様子は外から窺うことはできない。いわゆる「密室もの」としての仕掛けは車内中にあるともいえるのだ。

　逆に、サロンカーのように乗客が集まりやすい場所も、ストーリーの要所で重要な舞台となる。犯人にとっても追う側にとっても、さまざまな乗客の様子が把握できるからだ。

　また、犯人の心理に立てば、ほかの乗客が通常では現れにくい場所を探す必要もでてくる。盲点探しである。ふだんはにぎわっているサロンカーも、深夜帯には利用者が減り、無人になることもある。

「以前は青函トンネルのなかで車掌さんによる説明がありましたが、そういうときの車掌室はどうなっているのだろうという疑問もでてきます。列車設備のトリックで車掌室は重要ですよ」

　車掌室にあるさまざまな設備。手で開けられる窓……。

　多彩な設備を持つ「トワイライト」は、事件の練り甲斐のある列車といってもいいかもしれない。

通路
寝静まった個室寝台車の通路を歩く。5・6号車にはクランクもあり、死角を生む。事件への空想が湧いてくる。

車掌室の窓
新幹線や寝台列車など窓の開かない列車でも車掌室の窓は開く。割合に大きな窓で、車掌は身を乗り出すように外を見ることもある。

厨房
食堂車の業務は厳しい。笑顔の接客の裏には、乗客に知られぬ苦労もあるに違いない。こんなひとコマも作品へと投影されてゆく。

公衆電話
4・7号車にはカード式公衆電話も。『トワイライト殺人事件』のころは、まだ携帯電話は珍しいツールだったが……。

EXPRESS

撮影／佐々倉実（鉄道写真どっとネット）　取材・文／植村 誠　写真／レイルマンフォトオフィス

ミステリーを解く鍵 3

時刻表にない情報を読む

「以前と比べると、時刻表のトリックはつくりづらくなりました。いまでも時刻表のなかで意外な発見に出会いますが、そういう傾向はあります。ダイヤがシンプルになったことや、窓を開けられない列車が増えたのも要因でしょう」

西村ミステリーで活躍しているアイテムのひとつが時刻表だ。しかし、実際には時刻表にない情報を現地にみるということが、作品づくりにおいて大切なことになっていると西村さんはいう。

「取材のときにはずっと起きています。通りゆく駅や列車の走り具合、停車時の様子などを観察するんですね。駅のホーム上などに人はどれだけいるか？　夜行列車の車内が静まり返っていても、荷物車の積みおろし作業があったりします。売店や電話、倉庫など、駅にあるもののチェックも大切です。キヨスクの営業時間を知ることも気にしていることのひとつですね。こうしたことは時刻表には載ってませんから」

かつては列車の行違いや長時間停車、追いこしなどダイヤグラムのなかから鉄道ミステリーのトリックを抽出してきたものが、時刻表を単に読むだけでなく、いかにその裏側を追求できるかに焦点が移ってきているようだ。

たとえば、「トワイライト」では青森信号場と五稜郭とで機関車の交換をし、進行方向が逆転する。また、蟹田ではJR西日本とJR北海道との間で車掌交替があり、列車運行のポイントにもなっている。下りでは鯖江で後続の特急に抜かれるために停車するし、酒田や吹浦、秋田、大館でも機関士交替などのため列車は止まる。こうしたことは時刻表からは読み取れないこともあり、実際の取材で明らかになる部分ではあるけれど、逆にいえばトリックに活かすことも可能になってきそうだ。

「ローカル線でも同じ。数時間に1本の列車なのにトイレがないとか、半自動ドアというのもありますね。あれだって時刻表からではなく、現地で知ります。あとはその事実をどのように活かしていくかですね。そういう意味ではどんどん新しい情報を仕入れていかなければなりません」

知られざる事実との出会いが「トワイライト」の旅に待っているかもしれない。

反対列車とのすれ違い

ほかの列車との行違いも観察ポイントのひとつ。列車の形状や時間、様子などがヒントへとつながることもある。

停車駅での人の動き

金沢では4分停車。ホームに降り立って、人々の動きや駅の様子をチェックしてゆく。あるいは停車時間に犯人が動くかもしれない。

運転停車駅の様子

酒田で運転停車。乗客の乗り降りはないが、列車も駅も動いている。深夜の通過駅も、作品につながる大事な要素だ。

「ボーっと表をみていることがあります。景色を眺めているようで、じつはストーリーを練っていることが多いんですよ」（奥様）

機関車のつけ替え

午前4時37分。青函トンネルを越えた列車は五稜郭駅に到着。ここで機関車を交換し、終着に向けて再スタートを切る。

乗り換え列車の編成

北海道の最初の停車駅・洞爺ではローカルの単行気動車がいた。ほんの一瞬の出会い。作品への活かされ方はまだわからない。

TWILIGHT

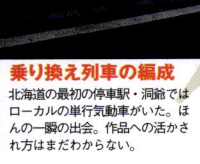

厳寒の洞爺駅で停車すると静寂が訪れる。道内のＤＤ51は耐寒耐雪仕様。線路のポイントにはヒーターが設置され雪害対策は万全だ。

窓いっぱいに広がる銀世界を愉しむ冬のカシオペアの旅

北へ向かう旅人になろう。
豪華寝台特急カシオペアに乗り、
冬の星座がきらめく夜を駆け抜ける。
夜明けの車窓には白銀の大地と、
野生の命の生き様が展開する。
冬のカシオペアの魅力を、
ここに徹底解剖。

人気の豪華寝台列車に乗って、いざ北へ!

CASSIOPEIA

冬に最も輝くカシオペアの豪華な艶姿

伊達紋別は6時49分の発車。ダイニングカーではすでに朝食が始まっている。夜の闇にも心なしか透明感が宿り、夜明けの気配が漂う。

有珠～長和間を力走する札幌行きカシオペア。時は3月。南の地方では桜前線の話題も出るのに、北の大地は未だ厳冬のただ中にある。

雪中を駆け抜けるカシオペアは、一陣のつむじ風となる。粉雪を巻き上げ、自らの姿にヴェールをかける。室蘭本線、稀府～黄金。

背後に見えるのが、駒ケ岳。国定公園にも指定され、美しい景観で有名な駒ケ岳も、カシオペアの車窓から望むことができる。

車窓から望める、裸の木々。朝方、道内に入ると、一面の銀世界の中の冬枯れた景色が続く。

100年に4度の噴火を経験し、活火山として世界的に有名な有珠山。その有珠山も車窓からみると、こんなに穏やかだ。

線路沿いにシカやキツネの足跡が残されていることが多い。野生の動物がひょっこり顔を出している様を車窓から望めることもある。

沿線に立つ雪の降り積もった民家の建物。こんな北海道の人々の生活が見えてくる車窓も、カシオペアならではだ。

過酷すぎる降雪には、さすがの複層ガラスも凍りつく。真冬の鉄道の旅は、厳しい大自然の中を疾走するところに楽しみがある。

人気が集中する展望室タイプのベッド。ここに横になったまま、降りしきる雪の中を走り続けるのは、最高の体験だ。

カシオペア展望室スイート。列車一番の豪華な設備を誇り、窓は三面に大きく開かれ、走り去る風景を眺められる。

カシオペアスイート、メゾネットタイプの2階リビング。階段で降りた1階にツインの寝室があるが、このソファーを倒せばもう一つベッドができる。

真冬の上野から白銀の大地への旅がはじまる

今から7年半前の1999年7月、上野と札幌を結ぶ豪華寝台特急カシオペアが誕生した。日本の旅は、この瞬間に姿を変えた。それまでは単に移動する手段に過ぎなかった鉄道が、カシオペアの誕生以降、『乗ることが目的の旅』の舞台という、まったく新しい世界に生まれ変わったのである。

車両の設備、車窓の眺め、提供されるサービス、いずれをとってもカシオペアのそれは、革命と呼ぶに値するものであった。この列車には日本人がそれまで体験したことのない旅が用意されていた。

カシオペアが誕生してから現在までに約20万人を超える乗客が、この未知の領域に旅立った。カシオペアに乗ることが、たとえば遠い異国の見知らぬ町を訪ねるよりも楽しみに満ちた旅であることを、乗客たちは友人に伝えた。その結果、列車の人気は沸騰し、ずっとその状態を維持し続けている。カシオペアは鉄道と旅の歴史の上で、伝説となることがすでに約束された名列車なのである。

冬のカシオペアが目指すのは、雪に覆われた北の大地だ。JR東日本広報部の小笠原祐一さんは、冬のカシオペアの旅の魅力を次のように語る。

「カシオペアは冬に最も輝く列車かもしれません。雪の舞う大自然の中を一直線に駆け抜けていく爽快感は、二階建てで展望のきくカシオペアならではのものではないでしょうか。新幹線のように外界と遮断された空間ではなく、沿線の人たちの生活が見える在来線を走る列車だということも、魅力の大きな柱になっていると思いますね」

また、車窓から、野生の動物が見えることもある。キタキツネ、シカ、ウサギが雪景色の中、走り抜ける様や、動物たちの真新しい足跡を降り積もる雪の上に発見するのも、楽しい。

毎回、新しい感動をカシオペアは与えてくれると小笠原さんは言う。日本の季節の彩りは、微妙だが日々変化し続けている。それを見逃さない心の余裕が、カシオペアの乗客には、与えられる。

短い言葉ではとても言い尽くせない多面的な魅力を、この列車は備えている。

CASSIOPEIA

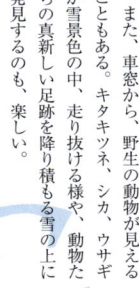

ダイニングカーでの食事は大切なイベントとなるため、早めに予約したい。夕暮れの車窓風景は、最高のインテリア。

動く列車の中で料理をつくり運べるようになるまでには熟練の技が必要。揺れる車内での体の支え方等、NREでは研修を行っている。

カシオペアの最高調理責任者、佐藤憲雄シェフ。フランスの三ツ星レストランで修行を積み、日本人の味覚にあうメニューを工夫した。

上野発、札幌行きのカシオペアに乗り、全行程を走破した様子を報告しよう。

すでに日が傾き、夕暮れの気配が忍び寄る上野駅。地平ホームの13番線にカシオペアは最後部の列車名を誇らかに輝かせながら、ゆっくりと入線してくる。時刻は発車の45分前。カメラを手にした鉄道ファンが、列車の動きを追いながら、立て続けにシャッターを切っていく。

ドアが開いた途端、大きな荷物を携えた乗客たちが次々に乗車する。今宵の宿となる個室に荷物を収めたあと、再びホームに出て、見送りの人と言葉を交わす。長い旅が、今まさに始まろうとしている

…旅立つ人や見送る人のそんな思いが、それぞれの表情を輝かせる。寒風の吹き抜ける真冬のホームのきりりと身も引き締まるような雰囲気に、華やいだものを感じるのは、そのためかもしれない。

16時20分、ＥＦ81形電気機関車に牽引されたカシオペアは、驚くほどの静けさで優雅に滑り出す。ビルが線路際に長い壁を作る市街地を、スカイブルーのラインカラーを持つ京浜東北線などと並走しながら、徐々に速度を上げていく。

車窓を流れる東京の風景を見つめ、旅の始まりを心の中に刻みつけていると、部屋のチャイムが鳴らされた。

「明朝のモーニングコーヒーと朝刊は、何時になさいますか?」

ウェルカムドリンクはオレンジジュースを選び、明日の希望の時間を告げる。

「はい、うけたまわりました」

にこやかな微笑みがドアの外に消え

CASSIOPEIA

豪華寝台特急で味わう一流シェフの冬の味覚

ダイニングカーのディナーメニューのひとつ、フランス料理コース。オードブルから始まり、魚料理、オーストラリア産の柔らかな肉料理などが楽しめるフルコース。事前の予約が必要。7,800円

る。洗練された応対が実に心地良い。動く豪華ホテルとも呼ばれるカシオペアならではのサービスといえる。

カシオペアでの乗車歴が長く、現在は主にアテンダントの教育を担当する、NRE（日本レストランエンタプライズ）の上野営業所所長の本郷順子さんは、次のように語る。

「そのお客様にとって、その日のご乗車は最初で最後かもしれない。いつもそんな緊張感を持って、お客様に接するよう日々、アテンダントに教育しています。もしもその一回きりのご乗車で、嫌な思いをお客様に与えてしまったとしたらそれがそのままカシオペアのイメージになってしまうわけですから」

日々の研修の成果か、アテンダントの心あたたまるサービスへの感謝の手紙が数多く寄せられ、何度もご乗車されるリピーターの方も多いという。

夕闇が次第に濃くなり、車窓に灯火が流星のように飛び始めると、そろそろディナータイムだ。一ヶ月前から予約していたダイニングカーを訪れ、白いクロスに覆われたテーブルの椅子に腰をおろす。「お寒くありませんか?」と、アテンダが目を見て問いかけてくれる。

ダイニングは車両の2階に設けられているため、見晴らしが良い。車窓には青い残照の空の下、栃木、群馬県境のなだらかな山並みが流れていく。場所は宇都宮の少し手前といったあたりだろうか。

ちょうど日没の時刻にこの席に着けるのは、全乗客の中でも28人のみ。早めの予約で勝ち得た特典といえるだろう。

ディナーで注文できるのは、3種類。「フランス料理コース」が7800円、「カシオペア懐石御膳」5500円、「カシオペアスペシャル弁当（ルームサービス専用メニュー）」3500円がある。

「フランス料理コース」は2006年12月、新しい内容に変わった。NREの最高調理責任者の佐藤憲雄シェフは言う。

「今回、より高い水準の料理を提供するため、乗客の意見を取り入れ、食材や調味、見栄えにも留意して完成させました」

すっかり暗くなった窓の外には車内の光が漏れ、列車に近いあたりだけ白い雪

カニ、イクラ、ウニなど、東北、北海道の食材を使ったカシオペアスペシャル弁当。事前に食事予約券を購入すると、出発後18時以降に、各個室に届けてもらえる。3,500円

18時30分以降は、カシオペア懐石御膳も選ぶことができる。季節の小鉢三点盛に始まり、口変り、煮物、刺身、揚物、炊き込みご飯、お吸い物、和菓子などを味わうことができる。要予約。5,500円

全室にウエルカムドリンクが届けられる。カシオペアスイートでは、ミニウイスキーボトル、ハーフワイン、氷などがウエルカムドリンクとなる。

札幌側、12号車はラウンジカーになっていて、誰でもここで寛いで、広い窓から眺望を楽しむことができる。

ダイニングカーはディナーが終わるとパブタイムになり、23時まで、ゆっくりとグラスを傾けることができる。予約は不要。用意されている飲み物は、ビールは生のサッポロクラシック600円、アサヒスーパードライ（小瓶）500円、キリン一番搾り（小瓶）500円。ウィスキーはシーバスリーガル（ミニチュアボトル）1,000円、ブレンドオブニッカ（ミニチュアボトル）1,000円。女性におすすめのカクテルはファジーネーブル500円、ファジーグレープフルーツ500円。日本酒は純米吟醸・大人の休日（720ml）4,000円、男山（1合）500円。ワインは多彩で、カシオペアオリジナルのハウスワイン（赤、白）1,500円。北海道シュペートブルグンダー（赤）5,000円、北海道ヴァイスブルグンダー（白）5,000円、トカップ（赤、白）1,600円、おたるワイン・ツヴァイゲルトレーベ（赤、白）1,500円、おたるワイン・フリーラン（白）1,500円、クラシコ・セコ（スパークリング）1,600円などが注文できる。なお北海道シュペートブルグンダー（赤）と、北海道ヴァイスブルグンダー（白）は、日本では希少な葡萄を使っているため、醸造できる量が限られている。そのため瓶には一本ずつシリアルナンバーが打たれ、限定数のみの販売となっている。このほかにコーヒーや軽食なども用意されている。

ほろ酔い加減の乗客達を乗せて、列車は進む

CASSIOPEIA

が照らされて見える。いつの間にか雪が深くなっている。

室温25度に管理された快適な車内で談笑する人々を乗せ、カシオペアは一路、北への鉄路を走り続けている。

食事のあとは、部屋に戻り、車内に豊富に揃えられたワイン片手にゆっくりとくつろぐのもいい。寝台特急の真骨頂は、夜の時間にこそあるといえる。

上野から札幌まで約16時間半、1227㎞もの長距離を走るため、気温の変化も大きい。全車内が昼夜を問わず25度に管理されているが、個室の室温は客自身がコントロールできるようになっている。

東北本線は盛岡で終わり、カシオペアはここから銀河鉄道線に入る。そして目時からは青い森鉄道線、八戸から再び東北本線を経由して青森に着く。ここではそれまで牽引してきたEF81形電気機関車を、ED79形電気機関車と交換する。

青森から津軽海峡線を進んだカシオペアは、海底トンネルに入り、海底下149・5mにある吉岡海底駅を通過する。そして地上に出れば、そこはもう雪に覆われた白銀の大地、北海道だ。

函館では10分の停車時間の間に、道内走行用のDD51形ディーゼル機関車に交換。乗客が眠っている間にも、鉄道を支える人々は休むことなく働き続ける。大いなる腕に身をゆだねて眠るこの安心感が、寝台特急の魅力の基になっている。

函館を出発するのは4時28分。車窓はまだ深い闇に包まれている。目をこらすと冷え冷えと広がる雪原が見える。

朝食は翌朝6時30分から、ダイニングカーで食べられる。洋朝食はサラダ、卵料理、季節のフルーツ、ヨーグルト、パン、ジュースまたはコーヒー。予約は不要。1,600円

有珠山を背景にして走るカシオペア。道内では、雪に彩られた雄大な景色が広がる。

和朝食は焼魚、卵料理、煮物、季節のフルーツ、ご飯、漬物、味噌汁がついている。1,600円。ダイニングカーは3号車。席が限られているので、早めに行ってテーブルに着きたい。

降りたくない、そんな魅力をこの列車は持つ

窓一面に広がる雪が眩しい。冬のカシオペアの旅では、ぜひ真っ白な車窓を愉しみたい。この列車が名列車と呼ばれる理由のひとつに、1号車に1室だけ設けられた個室、カシオペアスイートの展望室の存在があげられる。部屋の窓は三面に大きく開かれ、走り去る風景を眺めることができる。車内と外気の温度差が激しいにも関わらず、スイート展望室はもちろん、他の個室からも、カシオペアではクリアな冬の車窓を存分に愉しむことができる。その秘密について、JR東日本広報部の小笠原さんは次のように語る。

「窓ガラスは、合わせガラスと合わせガラスの間に空気層を設けた構造で、複層ガラスと呼ばれています。断熱、遮音性が高く、外気と車内の温度差があっても曇りにくくなっています。これが、カシオペアでは、雪の降りしきる寒い朝でも、景色を楽しみながら快適に走ることができる秘密なのです」

時折、カンカン鳴る警報機の音と踏切の赤い光が、一瞬の幻のように流れて消える。カシオペアは人々が眠る深夜の町を、雪煙を上げて疾走していく。旅情が最も濃密に旅人を包む時刻だ。

朝がくると、車内は少し慌しくなる。洞爺駅に停車する少し前に朝食の用意が整ったことを知らせる車内放送が流れる。

右手車窓に広がる噴火湾に別れを告げ、やがて列車は内陸部へと進む。広大な雪原が広がる沼ノ端、植草、美々を通過。ビルが林立する札幌市街に入ると、無事に着いたという安心感とともに、一抹の寂しさが心をよぎる。もうすぐこの列車から降りるのだ。感動が大きかった分だけ、別れの哀感は胸にこたえる。

しかし鉄道の旅はまだ終わったわけではない。カシオペアが運んでくれた札幌からローカル線に乗り、流氷や野生動物、北海の美味などの魅力があふれる冬の北海道を巡ることもできる。カシオペアの旅の終点には、さらなる素晴らしい鉄道の旅が、我々を待っていてくれるのだ。

DATA　カシオペアスイートの料金は、44,460円（寝台料金の25,490円、特急料金の2,890円、運賃の16,080円の合計）。カシオペアデラックスの料金は、36,150円（寝台料金の17,180円、特急料金の2,890円、運賃の16,080円の合計）。カシオペアツインの料金は、32,320円（寝台料金の13,350円、特急料金の2,890円、運賃の16,080円の合計）。個室には、TV、目覚まし時計、ドライヤー、スリッパ、浴衣、フェイスタオル、バスタオル、歯ブラシ、石鹸、リンスインシャンプー、洗顔フォームなどが備わっている。お求め・お問い合わせは、JR東日本の主な駅のみどりの窓口、びゅうプラザへ。

長い旅路を走破して、札幌駅に降り立つ乗務員。カシオペアは翌日は、札幌発の上野行きとなる。

取材・文／九頭竜彰、写真／千葉守、松村映三、冨永昌嗣、真島満秀写真事務所、南正時、九頭竜彰、JR北海道

CASSIOPEIA
JR

人気の流氷ノロッコ、SL冬の湿原号、ストーブ列車揃い踏み

冬限定の特別列車を乗り比べ！

ひと味もふた味も違った、冬の列車旅。車窓に広がる絶景、それぞれの列車ならではの演出・サービスを徹底取材しました。冬限定で走る人気列車の魅力をあますことなく、紹介していきます。

網走駅に入ってくる「流氷ノロッコ号」。流氷の絶景が眺められる列車として人気を誇る

釧網本線

知床斜里～網走間

流氷ノロッコ号

［1月27日～3月11日
3月17、18日］

オホーツク海を埋め尽くす流氷に体が震えるほどの感動を体験する

死の世界のように見える流氷の下では、膨大なプランクトンが棲息し、豊かな海を育てている。

オジロワシとペンギンをキャラクターにした
流氷ノロッコ号のヘッドマーク。

遥かなアムール河の河口で生まれた流氷がオホーツク海を覆う。知床連山と氷原を車窓に眺めながら「流氷ノロッコ号」の壮大な旅は続く。

釧網本線から眺める流氷は冬の北海道を代表する風景

最も冬らしい風景を楽しみたいなら、北を目指したい。オホーツク海が一面に氷で埋め尽くされる流氷は、厳寒期の北海道でなくては見られない冬の絶景だ。

流氷ノロッコ号は、そんな眺めと鉄道の旅を同時に楽しめる、文字通りの特別列車だ。始発駅は知床斜里。世界遺産・知床半島の付け根にある。ここから37km北の網走まで5両編成の列車が走る。

8時55分発の流氷ノロッコ号は3番ホームに入線。網走に向かう列車はDE10形ディーゼル機関車が先頭に立つ。その後ろが1号車で、クラシックな雰囲気漂うボックスシートの車両だ。

2号車から5号車までは展望車になっている。海に向かって横長のベンチ座席が設置され、眺めは抜群だが、寒い。完璧な防寒対策が必須といえる。

展望車は窓が大きいので、オホーツク海と知床連山の、大パノラマが楽しめる。

空と氷だけのこの風景、一生忘れない
ここでしか会えない大自然のドラマ

車内には漁船の大漁旗や、漁網に使う浮き玉などが飾られている。オホーツク海の番屋をイメージ。

網走から知床斜里に向かう上り列車は、バック運転で走る。そのため展望車の最後尾には、運転台が設置。

流氷ノロッコ号を牽引するのは、DE10形ディーゼル機関車。小型だが、寒冷地で最もその威力を発揮する。

列車に乗車できるのは発車の20分前からだが、改札が始まるとすぐにホームは大混雑。人気の高さを実感する。

やがて定刻、乗客の気持ちの高まりを表すような、元気のいい警笛とともに流氷ノロッコ号は走り出す。時速はのんびり30㎞。おかげで車窓風景を、じっくり眺めることができる。

沿線の雪は意外に少ない。ここ沿海部は降雪量も内陸ほど多くはないし、降ったとしても風が強いので積もりにくい。ところどころに黒い砂がのぞいて見える浜辺より遠方は、水平線まで続く大氷原になっている。

進行方向右手斜め後ろには、雪化粧した知床連山が、氷原の果てにくっきりと浮かんでいる。まるで夢でも見ているように美しい。

「流氷ノロッコ号の魅力は、オホーツク海の雄大な景色を眺めながら、見どころではスピードを落としてのんびりと走るところです。

沿線の見どころは、オホーツクの他にもラムサール登録地の濤沸湖《とうふつ》もありま

展望車内ではダルマストーブが燃えている。スルメは車内販売で購入できる。

網走駅で販売している「かにめし」は、網走の海で獲れたズワイガニやタラバガニを使った人気の駅弁。840円

北浜駅は最もオホーツク海に近い駅。駅舎の脇にあるミニ展望台からの眺めは、この旅の最大の見せ場ともいえる。

流氷砕氷船「おーろら」に乗り、流氷を間近に眺めるのも楽しい。網走港を出航して約1時間の船旅。氷塊にぶつかり、船全体が振動する迫力ある体験ができる。運行期間は1月20日～3月31日まで。問道東観光開発 ☎0152-43-6000

停車はしないが見ておきたいのが止別駅。止別駅は古い木造の駅舎をそのまま利用している。黒ずんだ板壁や木枠の窓は、最果てのオホーツクの雰囲気を一層盛り上げる。駅舎内部には食堂「えきばしゃ」があり、おいしいと評判のラーメンが名物になっている。

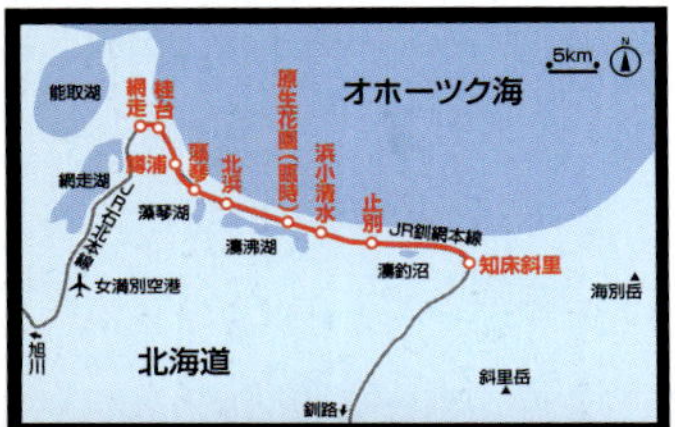

2009年1月24日から3月8日まで運転。3月15、16日も運転。3両編成で、知床斜里側の1両が指定席で、残り2両は自由席。一日2往復。乗車時間は約1時間。知床斜里～網走810円、指定席300円。問JR知床斜里駅☎01522-3-2634

す。濤沸湖には白鳥が飛来し、水辺で休む鳥たちを眺めることができます」（JR北海道釧路支社企画・広報）

展望車から外を眺めて、乗客たちは立ち上がって歓声をあげている。手にしたカメラのシャッターを何度も押す。

釧網本線の線路はオホーツク海にとても近いところを走っているため、車窓いっぱいに流氷の海が流れていく。じっと立ち止まって眺めるよりも、動きのある風景は、感動を大きくしてくれる。

9時31分、列車が停まったのは、北浜駅だ。乗客は先を争うようにして下車する。皆が目指すのは駅舎のすぐ脇にあるミニ展望台。上にあがると、海を流氷が埋め尽くしている様子が、よくわかる。

北浜駅での停車時間はわずかに10分。壮大な風景に後ろ髪をひかれながら、列車に戻る。

白い氷原は走り出したノロッコ号に伴走するように、網走まで続いている。

釧網本線
釧路～標茶

SL冬の湿原号

野生動物が棲息する大雪原には
蒸気機関車の白い煙が良く似合う

1月20日、21日
1月27日～2月28日、3月1日～11日、17、18日

C11形蒸気機関車は、山岳地帯や湿原など、路盤の脆弱な地域を走るように設計された軽量の機関車だ。しかし力は強い。

釧路湿原には湿原の中に適度の起伏があり、小高い山が点在するため、変化に富んだ眺めが楽しめる。

駅で水と石炭を補給する。こういうところが“蒸気機関車は最も生き物に近い機械”と呼ばれる理由だ。

ヘッドマークのキャラクターになっているタンチョウヅルは、茅沼駅付近に毎年飛来する。

冬の湿原は人間の手が届かないエリアだ。野生動物をよく見かける。注意していると動物の足跡なども発見できる。

木目調の古風な客車内にはダルマストーブが燃え、和やかな雰囲気が漂う。検札をする車掌さんの制服もレトロ調。乗車証明書を手渡してくれる。

C11形という名前の「C」は動輪が3軸あることを意味している。「11」という数字は石炭や水を機関車本体に積載する「タンク式機関車」であることを表す。

汽笛が厳寒の雪原に響くと野生動物たちが振り返る

寒風が吹き抜ける釧路駅のホームは、ちょっとしたお祭りの雰囲気だ。みんなカメラを手にして『SL冬の湿原号』の到着を待っている。

そこにシュッ、シュッ、と白い蒸気を両脇に吹き出しながら、蒸気機関車が入線してくる。大人も子供も目を輝かせて機関車を見つめる。車体の先頭には、赤い地に白い鶴の姿が刻まれたヘッドマーク。その上のプレートには『C11 171』の文字が金色に輝いている。

この機関車は1940年に製造された車両で、今では廃線となった深名線や瀬棚線などで活躍した。1975年に一旦廃車になったが、標茶町で静態保存されていたものを修繕して、1999年に「SLすずらん号」として運行することで留萌本線で完全復活を遂げたのだ。

11時9分、長い汽笛を鳴らして、釧路駅を出発。気温が低いので、蒸気を多く含む蒸気機関車の煙は、白と黒が混ざり合って美しい。

列車の編成は、その時々により変更はあるが、基本的には機関車の後ろに客車が5両。そのうち1両は、最後尾に連結されることの多い緩急車と呼ばれる車両で、貨物を積載して、同時に車掌も乗れる構造になっている。2号車には、車内販売カウンターがあり、食べ物、飲み物のほか、SLグッズなども販売している。

車窓に目をやると釧路川が、線路に寄

車内限定販売の「感動弁当」。サーモンの刺身やいくらなどが盛りだくさん。1000円。

乗務員は休む間もなく作業を続ける。蒸気機関車はスイッチを入れれば動くという機械とは違い、手がかかる。

2号車の売店カウンターでは、弁当や飲み物、車内限定発売のグッズなどを販売。販売員の応対も感じがいい。

SL冬の湿原号が走る路線沿線には、見所が多い。茅沼駅では野生のタンチョウヅルを見ることができる。また川湯温泉近くの小高い活火山硫黄山は、硫黄分を含んだ噴煙を激しく吹き上げ、見応えがある。

り添うように流れていく。その水面には、氷の塊が浮かんでいる。

マフラーや手袋をしっかり身に付け、緩急車のオープンデッキに出てみる。冷たい風は、刃物で皮膚を叩かれるような感覚だ。それでも眼前に展開する広大な雪原を目にすると、雄大さに思わず感嘆の声をもらさずにはいられない。

「SL冬の湿原号の見どころは車からでは見えない湿原の景色です。湿原のほかにも釧路川や凍った湖など景色は変化に富んでおります。また、沿には、エゾシカやオオワシといった野生動物が姿を見せることがあります。」

（JR北海道釧路支社企画・広報）

茅沼駅が近づくと、列車は速度を落とす。雪原に今度はタンチョウヅルの群れが遊んでいる。細い首と脚が、なんと優雅なことだろう。『SL冬の湿原号』の旅は、野生の命に会いにいく旅でもある。

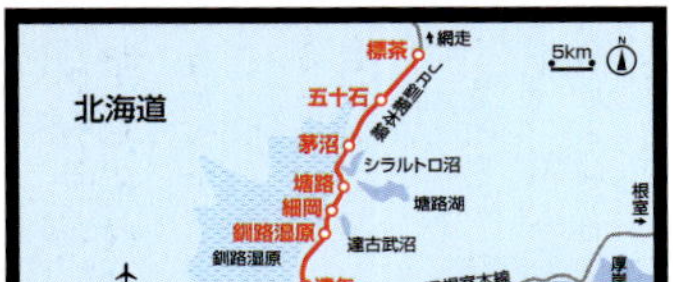

2009年1月24日～3月8日、3月15、16日の予定。全席指定 釧路～標茶1840円（指定料金含む）釧路～川湯温泉2590円（指定料金含む）㊐JR釧路駅☎0154-22-4314

ストーブ列車

津軽鉄道

津軽五所川原～津軽中里

12月1日～3月31日
土・日・祝日運転

降りしきる雪と戦いながら走るストーブ列車。単なる観光イベントの列車ではなく、沿線の人々の生活の足としても頼りにされている。

厳しい津軽の地吹雪の中では赤々と燃えるストーブがうれしい

津軽五所川原～十川間では旧十川を渡る。ここでは白鳥の姿を見かけることもある。

古めかしい機関車と客車は津軽の風土に馴染んでいる

津軽名物といえば、リンゴ、じょんがら、それにストーブ列車だ。アメ色の板張りの内装を持つ古い客車を牽いたこの列車は、冬の津軽にいかにも相応しい。津軽五所川原駅と津軽中里駅を結ぶ20.7kmの路線。ディーゼル機関車が牽引する列車が、一日2往復する。

編成は小ぶりの機関車と客車が2両。うち1両は団体客のために使われる。一般の乗客が乗るのは、一両のみだ。

古めかしい客車は、国鉄時代に実際に使用されていたもので、車体には昭和29年、日立製作所などのプレートもある。レトロ調に復刻した実は新しいイベント用車両とは決定的に異なる、本物の趣きが備わっている。

車両も時代がかっているが、運転のシステムも伝統の方式を守っている。運輸課の舘山広一さんは言う。

「津軽鉄道ではタブレットを使っています。これは列車のいわば通行手形のようなもので、タブレットを持っていないと走ることができない仕組みになっています。これによって、同じ単線の区間に上り下りの列車が同時に侵入して衝突する

津軽五所川原と津軽中里間を、12月1日から3月31日まで運転。一日2往復のみの運転で、津軽五所川原発11時35分と14時。津軽中里発12時46分と15時6分。毘沙門駅には停車しない。津軽五所川原から津軽中里までの運賃は、大人840円。㊀津軽鉄道☎0173-34-2148

ストーブ列車を牽引する機関車は、DD350形ディーゼル機関車。1950年代に製造されたもので、型は古いが軽量で力がある。

赤々と火が燃えるダルマストーブの上ではスルメも焼かれる。ときにはタラや餅などが置かれることも。車内にはそのつど、様々なにおいが漂い、食欲を刺激する。

金木町にある太宰治の生家、斜陽館。旅館を経営し、地元でも屈指の家柄だった。
入館料500円(問)金木町太宰治記念館「斜陽館」☎0173-53-2020

ストーブの管理は時折巡回してくる車掌さんが行う。たとえ乗客がいなくても、車内はいつも温かく保たなければならない。

津軽半島は海からの影響もあり、風が強い。そのうえ降雪量も多いため、冬期の保線管理には並々ならぬ努力を要する。

地吹雪体験ツアーが都会からの観光客に人気を集めている。モンペ、角巻、カンジキという津軽伝統の服装で、土地の厳しい寒さを体験する。

ような事故が避けられるのです」

　注意して見ていると駅員さんが、列車の運転士さんと、大きな丸い輪の付いた器具を大切そうにやり取りする。これがタブレットだ。

　発車が近づいた列車に乗り込み、使い込まれた重い扉を引いて客室に入ると、ダルマストーブが燃えている。ストーブのすぐ前の席は、人気の場所だ。いつも満席だが、椅子に座っている人は次々に入れ替わる。理由は、この座席に座ってみればすぐにわかる。ストーブの熱が、暖か過ぎるのだ。座ってしばらくの間は、ポカポカして嬉しいのだが、まもなく汗がにじんでくる。

　車掌さんが巡回してきて、ストーブに石炭をくべると、ストーブはさらに熱くなる。赤い顔をして頑張っていた人も、結局はほかの席に移動する。するとそこに次の人が、待ってましたと座るのだ。

　列車が駅で停車すると、強風が吹くたびに車体が揺れる。乗客が降りるために扉を開けると、地吹雪が車内にまで侵入してくる。平均時速は約27km。津軽五所川原から津軽中里まで、約20kmの距離を45分かけてゆっくりと走る。

地吹雪体験ツアーでは、馬そりに乗る経験も。(問)津軽地吹雪会事務局☎0173-52-2012

会津鉄道

会津田島～会津若松

お座トロ雪見列車

会津の雪景色を堪能するために あらゆる工夫を凝らした車両

「1月は13日～、土・日運転
2月は土・日・祝日運転」

冬は白と黒の水墨画にもにた情緒あふれる風景が広がる。新緑、紅葉の時期も、川面に色彩が映えて美しい。

塔のへつり付近の鉄橋を渡るお座トロ雪見列車。列車は速度を落とし、車窓に広がる絶景を堪能させてくれる。

日本で唯一の茅葺き屋根の駅舎、湯野上温泉駅には、雪が似合う。待合室には囲炉裏もある。

会津の山間部は雪が深い。会津鉄道は谷間を走る部分が多いので、一層その感が深い。雪見にはうってつけの路線だ。

大川にかかる鉄橋の上からの眺めが沿線の最大の見どころ

会津若松から会津田島まで走る『お座トロ展望列車』とは、お座敷車両とトロッコ車両、そして展望車両という、3種類の車両を連結した列車のことだ。お座敷車両というのは車内に掘りごたつが作られていて、こたつに入ったまま、会津の雪景色が楽しめる。

トロッコ車両は窓が大きく開き、開放感にあふれた客車だ。トンネルに入ると、天井に電球を散りばめた星座が現れる。

展望車両は窓が大きく、車両前面にも展望窓が設けられている。運転台の助手席の位置に補助椅子が設置されて、運転士と同じ視線で前方の風景を楽しむことができる。

「雪を見ながら、お酒を愉しんでもらう雪見列車を考えてこのシーズンも走らせることを企画しました」

そう語るのは、営業課の宗形修一さん。

一番お薦めの見所は、会津若松駅を出発してから1時間半ほど走ったあたり。湯野上温泉駅を過ぎて、塔のへつり駅のちょっと手前で、列車は大川に架けられた鉄橋を渡る。このあたりは奇岩が林立する景勝地で、特に雪の日などは風景に情緒が加わり、溜め息が出るほど美しいという。

「春から秋にかけては、一旦停止して景観を楽しんでもらっています。冬は天候の関係上、徐行させていただき景観を楽しんでもらっています。とても好評を得ています」と宗形さん。

ちなみに『へつり』とは、会津の方言で『崖』という意味があるという。

大内宿は会津西街道の宿場町。宿場が繁栄した当時の面影を残す約40軒の民家が、街道に沿って並んでいる。

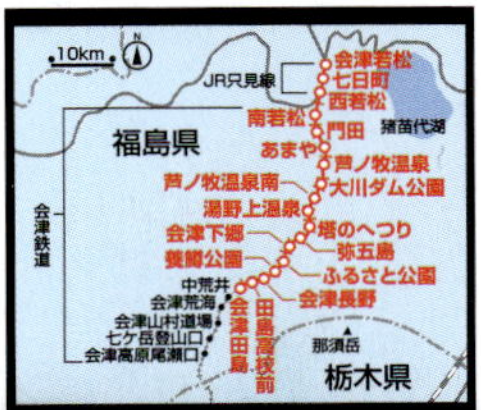

1月は10日からの土、日曜日。2月は土、日曜、祝日に運転。一日3本の運転。料金は、西若松～塔のへつり間乗車の場合1,220円（トロッコ整理券代金含む）（問）会津鉄道本社☎0242-28-5885

三陸鉄道の北リアス線を走るこたつ列車。車窓に広々とした海が広がる。

三陸鉄道

宮古～久慈

こたつ列車

こたつに入ってミカンを食べつつ太平洋の豪快な荒海を眺める

「12月20日～3月1日（土、日、祝日運転）（1月2日も運行）」

あったかい列車の内装は三陸の漁師の家イメージ

太平洋の波頭と戯れる雪を眺めながらの列車旅。そんな贅沢が味わえるのが、三陸鉄道を走る『こたつ列車』だ。

これは三陸鉄道で人気のお座敷車両『さんりくしおかぜ』を、こたつ列車として利用したもの。車内には真ん中の通路を挟んで両側にこたつがずらりと並び、始発駅からの客には、「宮古の塩あめ」と「イカせんべい」のちょこっとサービスもある。今年からは全席指定になったので、事前予約が必要だ。

しかし、走る列車の中、こたつの熱源には火を使っているのだろうか。総務部広報担当木村彩子さんは答える。

「こたつの熱源は、火は使わず、ディーゼルカーの暖房用の温風が吹き出すようになっています。火事のご心配は、いりません」

車内のインテリアも力が入っている。天井からは鮮やかな色の大漁旗が、何枚もつり下げられている。漁網も飾られ、中にはアワビやホタテの貝殻が入っている。さらに網の浮きとして使う大きなガラス製の浮き玉も下げられ、車内の奥にはテレビが置かれている。

「つまり三陸の漁師さんの居間をここに持ってきたと考えていただければ良いのではないでしょうか」と、木村さん。

こたつ列車の車内には、ストーブも設置されているが、これは雰囲気を出すた

車内に突然現れる「なもみ」。大きな鬼の面をかぶった岩手県北部の小正月の風習に登場する怪物。

こたつ列車に使われる車両は、夏は番屋風お座敷列車『さんりくしおかぜ』の車両。

車内は三陸の漁師さんの家の居間をイメージした飾り付け。ほっとくつろいだ気分になる。

宮古駅にほど近い、陸中海岸国立公園の浄土ヶ浜。不思議な雰囲気を漂わせている。

特製弁当2種。左は「海鮮あわび弁当」、右は「さんりく海の幸弁当」。1500円、要予約。

ストーブの上では、名物の山田せんべいを車内販売の女性が焼いてくれる。

めのダミー。だが、その上部にはヒーターが置かれ、ここで始発駅から乗車した客には三陸名物の山田せんべいを焼いて配るサービスをしてくれる。

「少量になりますが、昨年も好評で無料で配らせていただいています」

また久慈を出発する列車のみ、『海鮮あわび弁当』と、『さんりく海の幸弁当』（どちらも1500円）という特製弁当の2種類を注文することができる。（元旦のみ、『三陸おせち弁当』の一種類。）

三陸の切り立ったリアス式海岸を走るこの路線は、北リアス線とも呼ばれ、見所も多い。陸中野田駅から普代駅にかけての5つの駅の間。できたら進行方向左手のこたつ席を取り、ゆっくり、車窓を眺めたい。

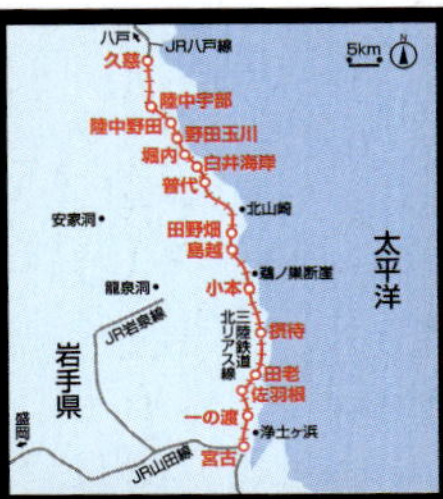

こたつ列車の運転期間は、平成20年12月20日～平成21年3月1日の土曜、日曜、祝日。（1月2日も運行）久慈～宮古で一往復の運転。片道1800円＋指定席料金300円。
㊐三陸鉄道☎0193-62-8900

元旦のみ、こちらの「三陸おせち弁当」一種類の発売となる。（久慈駅発の列車のみ予約可能）

 取材・文／九頭竜 彰、写真／佐々倉 実（鉄道写真どっとネット）、セブンフォト、レイルマンフォトオフィス、真島満秀写真事務所、矢野直美、結解 学

只見川に沿って走る只見線。会津宮下→早戸間

絶景！雪見列車の感動の旅

豪雪の秋田杉、
只見川の車窓からの眺め
難所・板谷峠、塩狩峠越えまで

最北端の地を目指す、
樹氷を体感する、豪雪の只見川を渡る…。
冬ならではの雪の絶景と感動が待っている
各駅停車で巡る旅へ。

文　モデルプラン作成／谷川一巳
写真／松村映三（P62-P63）

宗谷本線

旭川→稚内

塩狩峠を越えて日本最北端の地を訪ねる

かつての悲話を知る人は少なくなった塩狩峠を行く単行のキハ40。「本線」と名が付くものの侘しさすら感じる単線の細道である。

写真／佐々倉実（鉄道写真どっとネット）

厳冬の宗谷本線を走る車両

除雪車は大きく分けて2種類、単に雪を線路上から排除するラッセル車、そしてさらに積雪が多くなった場合は、かき寄せて遠くに雪を吹き飛ばすロータリー車である。

宗谷本線を1日2往復する261系特急「スーパー宗谷」は札幌～稚内間を4時間58分で走破する。グリーン車のシートは革張りである。

宗谷本線の普通列車用ディーゼルカーは2種。名寄以南を走る白にグリーンのラインのキハ40（P64写真）、主に名寄以北を走るステンレスのキハ54である。

特急「サロベツ」は1往復を183系で運行。通常は3両編成だが、旅行シーズンには掘りごたつ式のお座敷車両を増結することもある。

宗谷本線は旭川から稚内まで259・4キロに及ぶ、日本最北の鉄道だ。この宗谷本線を旭川6時5分発の始発列車で最北端の地を訪れてみる。

冬季は夜明け前の出発になる。宗谷本線を1日で走破するには、利用する列車は限られてしまう。9時53分発の特急「スーパー宗谷1号」を利用するか、11時15分発の快速「なよろ1号」を利用して普通列車に乗り継ぐ方法もあるが、やはり雪をじっくり堪能するには普通列車ののんびり旅。6時5分の列車に乗ることになる。

「宗谷本線はとくに冬場がアマチュアカメラマンにとっては、絶景写真が狙える路線なんです」

そう語るのは、札幌在住で、10年間、冬の宗谷本線を追いかけ続けている加藤勝さん。豪快に雪を跳ね上げて滑走する除雪機関車の雄大さを見て、宗谷本線にはまったという。

まず、列車は旭川から蘭留を過ぎると勾配を登り、登りきったところが塩狩、そして和寒へと勾配を下る。この峠は1966年に発表された三浦綾子の小説「塩狩峠」で有名になり、のちに映画化もされた。自らの命を犠牲にして乗客を救った鉄道職員の実話をもとにした悲話の舞台だ。

塩狩峠を過ぎると平野を淡々と走る。カラフルなサイロ、まっすぐな道など典型的な北海道の車窓だ。やがて沿線最大の町、名寄《なよろ》。ここでキハ40を切り離しキハ54だけのワンマン運転になる。始発駅の旭川をのぞくと沿線で唯一駅弁がある駅だ。

「宗谷本線の魅力は、走る区間によって顔がぜんぜん違うことでしょう。なんといっても全長約259キロと長いですから。でも私が豪雪の宗谷本線の撮影で行くのは、音威子府《おといねっぷ》から幌延《ほろのべ》が多くなりますね」(加藤さん)

列車は音威子府駅へ。音威子府といえば、もっとも人口がすくない村、そして駅そば「常盤軒」でも有名だ。

そして忘れてはいけないのが、宗谷本線はここからが雪見の絶景地であるということだ。

「まわりが山ということもあって音威子府周辺から本当に雪が多くなるんです。撮影で行ったときは、一晩だけで1メートルの積雪ということもありました」(加藤さん)

駅員さんの合図で特急列車が定時に出発。厳冬の北海道では鉄道は頼れる交通機関、そして欠かせない生活路線である。

最果てのサロベツ原野を行く宗谷本線のローカル列車。バックにそびえるのは山というより島、利尻島の利尻富士である。終着稚内はもうすぐそこだ。

写真／濱田志大

最北端の駅を目指す旅

雪を豪快に跳ね上げる除雪車を狙う加藤さんには、かかせないポイントだ。また、年末年始には、除雪車の雄姿をカメラにおさめようと、多くの鉄道カメラマンが本州から押し寄せてくるという。北海道の豪雪を見るのならこの区間は見逃がせないだろう。

その後、古い貨物車を改造しただけの無人駅や1両分のホームだけの駅、いわゆる朝礼台駅ばかりになり、この先に町があるのだろうか？という景色が続いていく。

豪雪地帯が一変するのが、幌延だ。幌延から先は海側に近くなるため、海からの風が強くなるかわりに、雪が少なくなるという。

「北海道特有のパウダースノーが風に巻き上げられ、地表に積もった雪の形や模様が秒刻みでつねに変化していく。その様子はとても魅力的です」

と景観のポイントにあげるのは、地元稚内在住のアマチュアカメラマン、濱田志大さん。

また、強風で地吹雪が起こりやすいのもこの地域の特徴といえる。線路上で雪がまきあげられ、ふきだまりをつくり、ダイヤの運行に影響を与えることもあるという。

「ここから広大でただっ広い牧草地帯が続くのですが、ここは日本じゃない、どこか別の国じゃないかと思うような景観が好きで撮影のポイントにしています」（濱田さん）というサロベツ原野を抜けて、海に近付く。そしていよいよ、列車は最後の車窓ハイライトである、抜海～南稚内へ。

稚内駅で販売されている日本最北端の駅到着証明書。入場券2枚が記念台紙に付いて320円（160円の入場券×2）。稚内駅到着の記念になる。

始発の旭川を除くと宗谷本線で唯一駅弁があるのは沿線最大の街、名寄だ。人気メニューは蝦夷っ子ちらし寿し（1050円）とニシン・カズノコ弁当（860円）。

音威子府といえば黒い麺の音威子府そば。駅構内の常盤軒の立ち食いそばが有名だが駅周辺のそば店でも購入することができる。

宗谷岬に立つ日本最北端の碑。稚内駅横のバスターミナルから宗谷バスで46分。市内にノシャップ岬もあるが、最北は宗谷岬だ。

稚内副港市場

稚内副港市場は魚介類の豊富な市場のみならず、屋台（波止場横丁）、温泉施設、北のガラス館などがある複合施設、市民の台所で観光客も楽しめる施設になっている。稚内駅と南稚内駅の中間に位置し、どちらの駅からも徒歩15分。問☎0162-29-0829

副港市場の温泉施設「港のゆ」にある和食処の底曳舟では各種料理を用意、底曳船弁当は稚内ならではの豊かな食材に料理長が心をつくした料理。

鮮魚店、水産加工品、地場産牛乳の店など、多彩な店舗が軒を連ね、対面販売の威勢のいい声があちこちに響き渡る。

線路が途切れた車止め横には「最南端から北へ伸びる線路はここが終点です」と記されている。北のターミナルとはいえ、ホーム1面2線だけの駅は少し侘しいたたずまい。

旭川から259.4キロ。稚内は看板通り日本の鉄道最北端の終着駅である。

運がよければ利尻富士が望める絶景ポイント。宗谷本線から海が望める唯一の区間だ。

「利尻富士はアマチュアカメラマンだけではなくプロの方も狙う、宗谷本線最大の絶景ポイントです。利尻富士をバックに稚内に向かう列車をおさめたいのですが、とにかく姿を現さない。8年間通っていて写真にとるどころか、目にしたことがないのですから」（加藤さん）

「地元に住んでいて冬場の鮮明な利尻富士は1週間に1度見られるか見られないか。ダメなときは1か月でも顔をだしません」

そう語る濱田さんは5年間、冬の利尻富士を追いかけて撮影に成功したのはわずかに10～15枚という。海上（利尻島）にあるため、風の影響を受けやすく、雲が発生しやすいのだという。気まぐれなお嬢さん(?)なのだ。

終点の稚内駅には「日本最北端の駅」の碑、行き止まりの線路の車止め横には「最北端の線路」という碑がある。稚内に降り立ったらぜひ見ておきたい。

ここから宗谷バスに乗り継げば、宗谷岬。まさしく日本最北の地を訪ねたことになる。

また宗谷本線の線路沿いに1キロほど南にあるのが「稚内副港市場」だ。平成19年4月にオープンしたばかりの観光地化された市場であるが、最北の海の幸を求めて覗いてみた。

「単に市場だけではなく、ロシア料理や地元の味が楽しめる居酒屋が集まった屋台村、昔の稚内市の町並みを再現したギャラリー。最近は松坂大輔スタジアムもオープンし、人気となっております」

と語るのは「稚内副港市場」を運営する㈱副港開発の広報担当の平間英光さん。

それ以外にも副港の海を一望できる大露天風呂が自慢の温泉、観光情報コーナーといった施設も充実。

「観光客の方々にも楽しんでいただいております。市場やレストランには地元の食材を用意してお待ちしております」（平間さん）

北の市場に揚がる湯気が、宗谷本線走破の疲れを癒してくれそうだ。

モデルプラン

旭川発着・日帰り

06:05	旭川発
	奥羽本線普通
06:47	塩狩峠発
07:46	名寄着
07:50	名寄発
	普通
08:52	音威子府着
09:14	音威子府発
	普通
11:13	抜海発
	※利尻富士
11:26	南稚内発
11:30	稚内着
16:51	稚内発
	宗谷本線
	スーパー宗谷4号
20:28	旭川着
（21:50	札幌着）

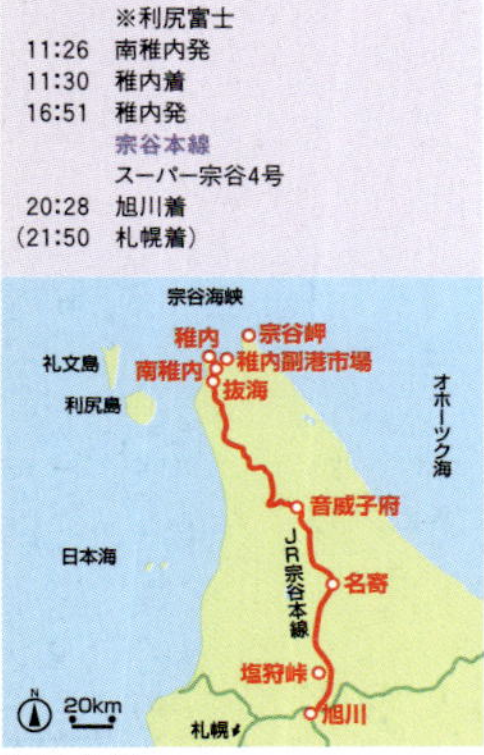

宗谷本線

特急は1日3本。普通列車で全線乗るのは半日がかり。名寄まではそこそこ列車があるが、名寄以北の普通列車は実質1日3本。

秋田内陸縦貫鉄道

角館→鷹巣

白と黒の秋田杉の間をぬって温かいマタギの里へ

写真／工藤 寿

マタギの里を走る車両

山間の細道を行くAN8800形ディーゼルカー。垂直に生い茂る杉林と雪景色が美しいコントラストを見せる。秋田内陸縦貫鉄道の冬景色は味わい深い。

第三セクター鉄道ながらお座敷車両（AN8808）があり、お座敷または掘りごたつにも変身する。主に貸切列車やイベント列車に活躍している。

第三セクターとしては珍しい急行列車が走る。サロンバスのような車内設備の専用車（2両編成）。急行料金は50キロまで160円、51キロ以上が320円。

AN2001はミニお座敷や大型窓を備えた主にイベント列車用の展望車両。運転台が1カ所なので、必ず他の車両と連結して運転する。

ラッセル車が出動。しかし営業用車両が全車で15両という規模に対して、除雪用車両を3両も備えている。雪国の鉄道では、その除雪費も莫大なものになる。

秋田新幹線も停まる田沢湖線の角館から奥羽本線の鷹巣までを結ぶのが第三セクター秋田内陸縦貫鉄道である。秋田県の中でも豪雪地帯といわれる内陸を南北に貫いている。

この地方独特の車窓としては、杉林の美しさがある。太くてまっすぐな杉で、杉の木がこんなにたくましかったかと思ってしまう。

「とくに、これから積雪が本格化する1月以降、杉林の景観はさらに美しくなります。雪の白さのせいで、本来緑色の秋田杉が黒くみえる。白と黒で色が映えるのです」

というのは秋田内陸縦貫鉄道、運輸部課長で、阿仁合駅駅長も務める齊藤伸一さん。

「山間を進むと列車はまわりにはビルも民家もなにもない、そんな区間を走るわけです。当然誰も住んでいませんから除雪も行なわれない。人の手がまったく加えられていない、自然のまま。あるのは降ったままの白い雪と黒い木々、川と山…。まるで水墨画をみているかのような景色が一面にひろがっていくのです」

と、その魅力を熱く語る。

さらに雪国ならではの自然現象が、雪の光景をひきたてるという。

「冬なのに霧がでることがあるんです。それには条件があって冷え切った日の翌朝、快晴で気温が急に高くなると、温度差から霧が発生するのです。雪景色がうっすらと霧のベールに包まれていくのです」

阿仁合～小渕間を阿仁川に沿って走る。かつて鷹巣側は国鉄阿仁合線だったが、阿仁合は沿線最大の駅で、ほとんどの列車は乗り換えになる。車両基地も駅構内にある。

松葉～比立内間は国鉄時代未開通だった部分で、秋田内陸縦貫鉄道が引き継いでから開業した。最も沿線人口が少なく、大自然の中を行く区間である。

写真／工藤 寿

そんな秋田内陸縦貫鉄道の雪見の旅を齊藤駅長にお薦めの景観をうかがいながら、最初の目的地へ。内陸線のちょうど中間に位置し、豪雪地帯真っ只中の阿仁マタギ駅を目指してみる。

「始発駅の角館から列車が動き出して、田園地帯をしばらく進んでいくと、山や川が視界の中で下がってくるのに気づくはずです。海抜がどんどん高くなっているからなのですが、始めは遠くにあった山が近づいてきて、やがて山や川が眼下に現れるのです」（齊藤駅長）

松葉駅を過ぎると深い山間部へとディーゼルカーは進んでいく。

内陸線は第三セクターのローカル線とはいうものの、全線で94・2キロと100キロ近くある。ワンマン運転のディーゼルカーではあるが全編成がトイレ付きで、汽車旅派向けの路線だ。第三セクター鉄道としては珍しく『もりよし』（沿線の森吉山から）という急行列車が走っている。

「急行といっても普通列車を追い抜くなどのダイヤにはなっていませんが…」（齊藤駅長）というあたりは愛嬌といったところだ。しかし急行列車は専用車両で運転され、JRの特急などよりずっと寛げるサロン風になっている。

戸沢駅を抜けると全長5697メートルの十二段トンネルが待ち構えている。トンネルを抜けると左にカーブして、阿仁マタギ駅に到着する。駅前にタクシーも待っていない無人駅だ。

ここから山間へ2キロほど入った『打

マタギの湯は2000年にオープン、大自然に囲まれた温泉宿。大浴場もある。マタギ座敷や、どぶろく特区にはどぶろくも楽しめるなど、マタギの宿の温もりを伝える。

マタギの生活ぶりや衣裳、狩猟道具などマタギに関する資料を展示。動物の剥製もあり、生態系も知ることができる。

打当温泉
マタギの湯

温泉兼宿泊施設で1泊2食付9500円～（2名利用1名分）、じゃんご料理プラン1万3650円～ ㊟秋田県北秋田市阿仁打当字仙北渡道上ミ67 ☎0186-84-2612。

駅舎温泉 クウィンズ森吉

阿仁前田駅併設の温泉施設。冬の旅で冷えた身体を温めたい。駅から0分で湯に浸かれるのがいい。第1月曜休館　問秋田県北秋田市小又字堂ノ下21-2　☎0186-60-7000

源泉かけ流しの大浴場、露天風呂を完備。泉質はカルシウム、ナトリウム塩化物泉で神経痛や慢性婦人病、切り傷、やけど、筋肉痛、五十肩などに効能があり。入浴料300円

モデルプラン（東京発着1泊2日）

1日目
06:56　東京発
「こまち1号」
10:11　角館着
街並み観光
14:53　角館発
秋田内陸縦貫鉄道
15:51　阿仁マタギ着
送迎車　※事前に連絡を
マタギの湯へ
（マタギの湯　泊）

2日目
マタギの湯
送迎車
14:23　阿仁マタギ発
秋田内陸縦貫鉄道
15:52　鷹巣着
15:58　JR鷹ノ巣発
奥羽本線
普通
17:27　秋田着
17:59　秋田発
「こまち32号」
22:08　東京着

秋田内陸縦貫鉄道

土曜か休日に全線を1日で乗り通すなら「ホリデーフリーきっぷ全線タイプ」（2000円）がお得。急行列車も利用できる。

阿仁の樹氷

森吉山の樹氷は、阿仁スキー場のゴンドラで3.5キロ、山頂駅へ（往復1500円）。晴れた日には樹氷とともに日本海も望める

森吉山阿仁スキー場にて1月上旬から3月上旬まで「阿仁の樹氷」が見頃。期間中鷹ノ巣駅、阿仁合駅などから樹氷ライナー運行（要予約）問北秋田市観光案内所四季美館　☎0186-75-3188

冬の祭り

上桧木内の紙風船上げ

毎年2月10日、武者絵や美人画が描かれ、灯火をつけた巨大な紙風船が、きらめく星々のごとく真冬の夜空に舞う年中行事。問秋田県仙北市西木地域センター地域振興課　☎0187-43-2244

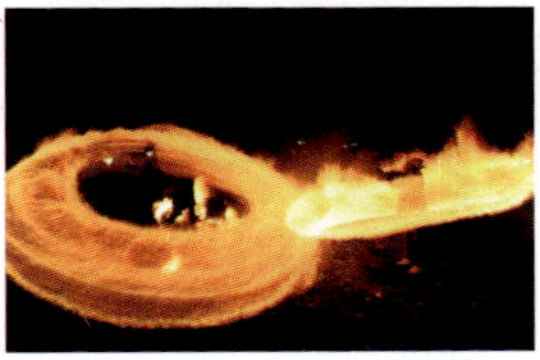

火振りかまくら

角館町で催される小正月行事で、稲わらで作った俵に火をつけて体の周りを振り回す。開催日は2月13、14日　問秋田県仙北市観光情報センター「角館駅前蔵」　☎0187-54-2700

当温泉マタギの湯」がある。

温泉や宿泊施設、「打当温泉マタギの湯」の名の通り、マタギに関する資料館も併設されており、生活ぶりが衣裳、狩猟道具などが見学できる。また素朴な秋田の豪雪地帯の生活を満喫できるサービスも充実している。

「館内には、マタギの食文化を継承した『じゃんご料理』もありますので、ぜひご賞味ください。複数でお申し込みいただければマタギ伝承者の『マタギ語り』や、『ミニカンジキ作り体験』等の講座も充実しております」

と語るのは、北秋田市の商工観光課兼マタギの森推進室の松橋康浩さん。

マタギ気分を充分堪能できそうだ。都会の喧騒から逃れて、敢えて雪国を体験するならお勧めのスポットである。

「森吉山の阿仁スキー場では阿仁の樹氷も見れますので、お時間がある方にはお薦めします」（松橋さん）

再び鷹巣を目指して、阿仁マタギ駅を出発する。

「阿仁マタギ駅から阿仁合駅間の約20キロが、私のもっともお薦めする絶景スポットですね」（齊藤駅長）

鷹巣に向かう列車は阿仁マタギ駅から阿仁合駅まで山間を下っていくことになる。車窓にはマタギの里の手つかずの大自然が車窓から手の届きそうな近くに広がっていく風景が流れていく。

そして阿仁川沿いを進んでいくと、次第に里に降りてきたといった車窓に戻っていく。

鷹巣は近い。

写真提供／仙北市観光課、北秋田市商工観光課、秋田内陸縦貫鉄道

雪の急勾配を走る車両

山形新幹線「つばさ」400系。東京～福島間は新幹線専用軌道を高速走行、福島～新庄間は在来線と同じ線路を走るミニ新幹線。東京～山形間は約2時間50分。

719系は東北地区で広く使われている車両だが、5000番台は奥羽本線の1435ミリ軌間の路線専用車両。福島～新庄間で運転、米沢までは全列車がこの車両だ。

かつて板谷峠は補機と呼ぶ補助の機関車を伴い、4駅連続スイッチバックの難所であった。峠駅は信号所として開設、のちに旅客営業を行う駅となった。

写真／佐々倉実（鉄道写真どっとネット）

奥羽本線（山形線）

福島→山形
難所 板谷峠をぬけて 蔵王の樹氷を目指す旅

峠駅のスイッチバックはなくなったがスノーシェルターは残っている。このシェルターはスイッチバックを行っていた頃、ポイント（分岐器）に雪が積もらないように設置された。

奥羽本線の旅は福島から始まる。福島～米沢間は山形新幹線「つばさ」が1日16往復するが、普通列車は1日6往復、しかも通勤、通学のある朝夕に走るため、昼間は4時間以上も列車がない。

「新幹線が通るようになってからはね、この辺りもすっかりと変わってしまってねぇ…」。

「最近はいかがですか？」との問いかけに、駅売り「峠の力餅」（P74写真）で知られる「峠の茶屋」4代目店主、小杉隆秀さんは、感慨深げに答えてくれた。

小杉さんの「峠の力餅」は、峠駅で立ち売りされている。駅弁の立ち売りが珍しくなった現在では、貴重な鉄道のワン

かつてスイッチバックがあった頃、最後のスイッチバック駅だった大沢を過ぎると、雪国山形といった景色の中へ降りてくる。車窓の銀世界が眩いばかりである。

シーンである。しかし、新幹線の通過駅となってからは、利用客も減少した。

「でもね、こんなに不便になったところなのに、最近は60、70代の方が『懐かしい…』と、よくお見えになるんですよ。思い出のつまった場所なんでしょう。というのも、ここはかつて出稼ぎや就職で上京した人にとっての県境駅。ここで故郷を離れたと実感したり、無事帰ってこれたと安心できる場所なんです」(前出・小杉さん)

始発駅、福島駅をでると、列車は間もなく板谷峠にさしかかり、急坂が身体でも感じられる。福島～米沢の間は急峻な路線としても有名だ。

かつては赤岩、板谷、峠、大沢と４駅連続でスイッチバックがあり、列車は行ったり戻ったりを繰り返しながら、この峠を越えた。

それもそのはずで、30パーミル（１０００メートル進んで30メートル登る）の急勾配が連続、最急勾配は38パーミルに達する。「峠の釜めし」で有名だった碓氷峠のない現在、ＪＲ東日本で最も急な勾配路線だ。

東北本線が福島まで電化されたのが、１９６０年。ところがこの板谷峠の区間は１９４９年に早々と電化された。それほどの難所だったのだ。

山形新幹線「つばさ」が行きかう現在も難所であることにはかわりはない。新幹線であってもこの峠では、車体を右に左にとくねらせながらゆっくり越える。一駅ごとに雪の量がみるみると多くなっ

雪の峠道を福島へ向かう奥羽本線上り普通列車。2両編成と身軽な電車はこの峠道を難なく越えるが、車体にまとわり付いた雪の塊が峠道の厳しさを物語る。

写真／レイルマンフォトオフィス

ていく。

「日本最古の五色温泉スキー場を始め、沿線にはスキー場も多く、中高年世代が青春時代を謳歌した」(前出・小杉さん)というだけあって、急勾配と積雪のまさに難所なのだ。

ところが、米沢に到着すると、福島とは風景が一変、一面の銀世界、雪国といった田園風景を走る。どことなく人の顔つきや服装も変わったような感じで、山形県を故郷にする人は「地元に戻ってきた」と感じる風景ではないだろうか。山に囲まれた県ならではの風情が旅するものの心を癒してくれる。

山形に着いたら、山交バスに乗って蔵王温泉に足を伸ばす。ただし、バスの本数も限られており、運行スケジュールも新幹線の発着に合わせているため、各駅停車で来た人は、ここで新幹線の到着を待たなければならない。

「蔵王は温泉、そしてスキーやスノーボードなどウインタースポーツが盛んな街ですが、樹氷も有名です。樹氷は蔵王温泉スキー場でみることができます」

というのは、蔵王温泉観光協会の大沼豊さん。見ごろは1月下旬～3月上旬だという。ツアーで訪れる観光客も多いとか。

「40代、50代の方が多く見られますね。週末はスキー客とも重なりますので、混み具合によっては、整理券を発行します。

峠の力餅は鉄道ファンの間ではけっこう有名。わずかな停車時間でドアも自動ではないため、駅が近付くと売り子を探して車窓をきょろきょろする乗客も多い。

米沢といえば米沢牛が有名だが、駅弁も牛肉関連が多い。中でも牛肉どまん中（1000円）は人気商品だ。

峠の力餅を販売しているのは峠の茶屋。創業は奥羽本線開通直後の1901年（明治34年）というから、すでに100年以上の歴史がある。

※峠駅で峠の力餅の立ち売りを行なうのは冬季は土曜、日曜のみ。ホームページ（http://www.togenochaya.com/）にどの列車が到着したときに販売するかのタイムテーブルがのっているので確認を。

蔵王の樹氷

山形駅から山交バスで蔵王温泉へ所要約36分、860円。徒歩15分程の蔵王ロープウェイ蔵王山麓駅から樹氷高原へ（大型ロープウェイ）、もう1本のロープウェイ（ゴンドラ）に乗り継いで地蔵山頂へ、往復2500円。

2月2日、「雪と炎の饗宴」では、スキーインストラクターのデモンストレーションやパフォーマンス、雪上花火などゲレンデで繰り広げられる雪と炎の祭典。「雪見蔵王温泉大露天風呂大開放」など開催。問蔵王温泉観光協会　☎023-694-9328

駅舎温泉 太陽館

奥羽本線高畠駅は山形新幹線「つばさ」も停車するが、駅舎内に温泉施設、食堂、観光協会が設備されている。入浴は7～22時、入浴料300円。第2月曜休館（祝日の場合は翌日）。個室の休憩室もある（1時間500円）。問高畠町観光協会　☎0238-57-3844

じっくりとご覧になりたい方は平日をお薦めします」（大沼さん）

バスで蔵王温泉（バスターミナル下車）へ、さらに蔵王ロープウェイ山麓線、山頂線と2本のロープウェイを乗り継いで山頂を目指す。2本のロープウェイに乗り地蔵山頂駅までの時間は、斜面に広がる樹氷の林を、堪能することができる。

「蔵王の樹氷は、亜高山地帯に生息する針葉樹のアオモリトドマツが雪と氷に覆われてできたもの。着氷と着雪を繰り返すことで大きくなっていくのです」（前出・大沼さん）

まさに寒さと風の加減でできた自然の造形美である。

「12月下旬からは、18時以降、カクテル光線による樹氷のライトアップが行なわれ、幻想的でロマンチックなんですよ。1月31日(土)の日は『雪と炎の饗宴』も開催され、例年、雪上花火や、スキーヤーがタイマツを手に滑降してくるなど、見所も満載です」（前出・大沼さん）

蔵王温泉に宿をとれば、ロープウェイ駅は目の前。昼間と違った夜の樹氷を気軽に愉しむことができる。しかし注意が必要だ。

「山頂は標高約１６００メートルで、夜になるとマイナス10℃以下に冷え込みます。防寒対策をわすれないでください」（大沼さん）

また、1月30日と31日にはゲレンデ以外でも温泉街にアイス＆スノーキャンドルが灯るなど幻想的なひとときを過ごせそうだ。

樹氷と温泉を堪能し、帰りは日が暮れたので山形新幹線で一気に東京に戻る。途中、「峠の力餅」の「峠駅」のホームは車窓からは一瞬で通り過ぎていった。

モデルプラン（東京発着1泊2日）

1日目

06:28	東京発 「つばさ101号」
07:57	福島着
08:31	福島発 奥羽本線 普通
08:56	板谷駅発
09:02	米沢着
09:20	米沢発 普通
10:42	山形発
11:27	山形着
12:20	山交バス
12:56	蔵王温泉バスターミナル着 蔵王温泉泊

2日目

15:20	蔵王温泉バスターミナル発 山交バス
16:05	山形着
17:05	山形発 「つばさ126号」
19:56	東京着

奥羽本線（福島～山形）

奥羽本線自体は福島～青森間の長大な路線。山形新幹線が走るのは福島～新庄間でこの間は線路幅が在来線と異なる。

冬の祭り 上杉雪灯篭まつり

米沢市内の松が岬公園一帯を主会場に2日間にわたって約300基の雪灯篭、2000個の雪ぼんぼり（雪洞）に燭が揺らぐ。開催日は2月の第2土曜日とその翌日、2月14、15日。問米沢市商工観光課　☎0238-22-5111

写真提供／蔵王温泉観光協会、米沢市商工観光課、高畠町観光協会

只見線

会津若松→小出

鉄橋を渡るたびに絶景に出逢える

会津若松13時8分発の小出行きで只見線の旅は始まる。只見線は日本一の秘境路線といわれるが、全線を直通する列車が1日3往復しかない。あとの2本は会津若松発6時発と17時2分発、実質的には雪景色が楽しめるのは13時8分発の列車しかない。この列車に乗っても小出着は17時42分、新潟県側は夜汽車のイメージだ。

会津若松を出るとしばらく会津盆地の田園を走る。ほとんどが無人駅だが、駅名に「会津〜」という駅が多い。

会津柳津を過ぎた辺りから列車は只見川に沿うように、徐々に上流へ、山間部へと入っていく。会津桧原を過ぎると、只見川を何度も渡り、川は車窓の右に左にと展開する。

只見川に架かる鉄橋は、カメラマンが狙う絶景の撮影ポイントとしても有名だ。さらに奥深く遡っていくと、車窓からの景色は、降雪の中、白にすいよせられるように消えていくようだ…。

「このあたりはそもそもダム建設のために施設されており、町があるから駅があ

豪雪地を走る車両

会津若松〜小出間の直通列車はすべてキハ40かキハ48の2両編成で運転する。ともに国鉄時代からの40系ディーゼルカーで、キハ40が両運転台、48は片運転台である。

国鉄時代からの車両は車内設備も汽車旅向き、セミクロスシートでクロスシート部分が多く窓も開閉式。

かつてタブレットは単線路線の風物詩だったが、実際にタブレット交換する路線は久留里線や只見線などわずかとなった。

るわけではないのです。周辺に民家もない無人駅もあります。そんな人の手がまったく入りこむことのできない大自然のままの、まっ白な雪の中を列車は進んでいくのです」

　というのは、只見町観光まちづくり協会の目黒典子さん。

　やがて列車は只見駅に到着する。豪雪地として知られる只見町だが、毎年、冬の一大イベント『只見ふるさとの雪まつり』が催されることでも有名だ。

「来年は2月の14日、15日の2日間です。クライマックスは15日の日曜日の20時から。最後を飾るイベントとして花火大会が行なわれる予定です」

　というのは、只見町役場・産業振興課の渡辺公三さん。２日間で２万４０００人を集める壮大なお祭りだという。

「冬の空気の澄んだ夜空を彩る花火。その花火に照らし出されて、一面の銀世界が花火の色に染められる。とても幻想的な時間が流れます」（横田さん）

　列車は只見を出ると長いトンネル、トンネルを出ると田子倉湖を望み、田子倉を通過する。

「このあたりも民家もなく、冬季の間は通過駅となります」（前出・目黒さん）

　人気のない、ただただ白い世界が広がっていく。やがて雪にかき消されるのか、列車の音も感じなくなってしまう。こんな過酷な自然状況の地によく線路を敷いたものだと感心してしまう。

　また１日３本しか列車が走らない路線がよくＪＲ路線として残ったとも思われるが、これには理由がある。

「じつは県境部分は、並行する国道２５

写真／佐々倉実（鉄道写真どっとネット）

下り列車が会津西方を出ると只見川は左車窓から右車窓へ変わる。日本一の秘境路線に相応しい車窓がこの先しばらく旅人の目を楽しませてくれる。

冬季は並行する国道の除雪が困難になる豪雪地帯。1日たった3往復のローカル列車だが、この地方にとってはなくてはならない公共交通だ。

冬の祭り

七日堂裸まいり

柳津町で1月7日に行われる。雪の中下帯一つの男たちが菊光堂の大鰐口を目指す勇壮な祭り。1年の幸福と無病息災を祈る。
問柳津町地域振興課　☎0241-42-2114

只見ふるさとの雪まつり

2月14、15日に行われる只見町の冬の一大イベント。大雪像をはじめ大小様々な雪像、かまくらが並ぶほか、郷土芸能も披露される。
問只見町役場産業振興課
☎0241-82-5240

単線ローカル線の楽しみに列車の行き違いがある。下り列車が会津川口駅でしばらく停車。上り列車がやってきた。この駅はすぐ前をダムのせき止めで川幅が広くなった只見川が流れる。

大俵引き

約400年の伝統を誇る祭り。1月14日に赤白に分れて大俵を引き合う勇ましい行事。高さ25メートル、長さ4メートル、重さ5トンもの大俵を引き合い、その年の米の豊作と商売繁盛を占う。
問会津坂下町観光協会　☎0242-83-2111

只見川を8回渡る旅

鉄橋を渡るたびに
絶景に出会える

只見線を乗り通すと、実に8回も只見川を渡る。川が蛇行しているというよりは、山と川だけの地形のため、線路はわずかな平地を求めて川の右に左にと移動する

14:31	会津桧原発	15:30	会津川口発
	只見川鉄橋①通過		只見川鉄橋⑤通過
14:35	会津西方発	15:35	本名発
	只見川鉄橋②通過		只見川鉄橋⑥通過
14:55	会津宮下発	15:44	会津越川発
	只見川鉄橋③通過	15:49	会津横田発
15:03	早戸発		只見川鉄橋⑦通過
15:11	会津水沼発	15:53	会津大塩発
	只見川鉄橋④通過		只見川鉄橋⑧通過
15:17	会津中川発	16:05	会津蒲生発

モデルプラン

東京発着・日帰り

07:12 上野発（土曜・休日）
（土曜・休日以外は07:15）
東北本線
普通
08:57 宇都宮着
09:09 宇都宮発
普通
10:00 黒磯着
10:33 黒磯発
普通
11:37 郡山着
11:43 郡山発
磐越西線普通
13:03 会津若松着
13:08 会津若松発
只見線
普通
17:42 小出着
18:33 小出発
上越線普通
18:42 浦佐着
19:14 浦佐発
「とき346号」
21:00 東京着

只見線

最も景色のいい会津川口～只見間は1日3往復。朝、昼、夕方に1本ずつなので、短期間の行程ならとりあえず通り抜けるしかない。秋ならSLやトロッコも狙い目だ。

2号線が冬季通行止めになり、冬の交通ルートの確保ということから、只見線は残ったのです」（目黒さん）

とはいえ、冬季の積載量によっては只見線も運休することがある。

福島・新潟県境を6キロ以上もある六十里トンネルで越えて、新潟県側に出る。会津川口付近の只見線は、右に左にゆっくり走っていたが、これらのトンネルはまっすぐに掘られており、ディーゼルカーはかなりのスピードで暗闇を突き抜くように進む。

新潟県側に入るとまたのどかな田園風景へと変わった。

写真提供／会津坂下町観光物産協会 只見町役場産業振興課 柳津町地域振興課
写真／佐々倉実（鉄道写真どっとネット）、松村映三、レイルマンフォトオフィス、工藤寿（P68-P71）、加藤勝（P65-P66）、濱田志大（P65-P67）

クリーム×赤、昭和30年代の国鉄を思わせる車両に夢中！

ミュージシャン オオゼキタクさんの鉄道の愉しみ

郷愁をかきたてるデザインの車両に惹かれる理由とは

Jポップならぬ、なつかしさを訴える〝セツナPOP〟をジャンルとしているミュージシャン、オオゼキタクさん。小湊鐵道はじめ、鹿島鉄道が大好きだという。彼ならではの鉄道の愉しみ方を訊いてみた。

「郷愁をかきたてるような配色の車両に目がいってしまいますね（笑）。今回、撮影させていただいた小湊鐵道さんの車両は好きです」

　クリーム×赤、昭和30年代に見られた国鉄をおもわせる配色が好きなオオゼキさん。この配色を用いられた車両が好きなのは、幼少の頃の思い出が一役買っているのかもしれない。

オオゼキタク　1974年8月4日生まれ。大学で初めてギターをさわり、オリジナル曲を制作しながら、地元横浜を中心に音楽活動を展開。2004年10月にシングル「群青グラフィティー」でメジャーデビュー。ご自身のブログにも、彼の好きな電車も登場。http://www.oozekitaku.com

「小学1年生の頃ですかね。ひとりで初めて田舎に帰る時乗った、つくば鉄道のディーゼル車。ドキドキしたことと電車がホームに入ってくる風景は今でも覚えています。その車両の配色がクリーム×エンジ色だったんです。懐かしさを覚えるのはその経験があるかもしれませんね」

　と笑顔でこたえる小学生の頃は、ブルートレインブームが全盛期。

「車両が20系の寝台急行「銀河」に憧れました。友達とブルートレインのNゲージ（電車の模型）で時刻表を読みながら、車掌さんになりきって遊んでいました。また、その友達の後ろについて駅で写真を撮りに行ったこともありました。そういえば当時、東海道線の東京〜名古屋間の駅名が全部言えました（笑）。そういった遊びも懐かしい」

「歌をやりはじめてからですかね。全国に行くようになり、鉄道熱が再燃したのは（笑）。その頃に行けなかった場所、またその時本で見た電車に出会ったりするとワクワクします。小さい時に出来なかった事を今実現している感じですかね」

　オオゼキさんの歌にもこういった体験が活きていることは否めない。

「郷愁、せつなさを歌う時、電車というキーワードはよく思い浮かびます。情景を思い出して歌い上げる時、特に意識しているわけではないのですが〝名残〟として幼少の頃の電車の思い出は引き出しのひとつになっているのは間違いありませんから」

車両のデザインにも注目。こちらは茨城交通、鹿島鉄道のキハ714形。

ドラマタイアップ曲を２曲含む好評
発売中のセカンドアルバム
「デラックス・コレクション」
VICL-61993 2625円
ビクターエンタテインメント

 撮影／大沢つよし（人物）、米屋浩二（電車）

日本一の豪雪地帯を走り抜けるローカル線から、海産の名物駅弁が並ぶ海岸路線まで

あったか雪見列車に乗ろう

雪国のローカル列車は、目映いばかりの雪山を遠くに見ながら見渡す限り一面の銀世界の中を雪煙を上げて走ってゆきます。

ぽかぽかあったかい列車に乗って、温泉に立ち寄ったり、美味しそうな駅弁に舌鼓を打ったり、気ままな旅へ。

きっと冬ならではの特別な感動が待っています。

取材・文／**南正時（みなみ・まさとき）**
1946年福井県武生市生まれ。アニメ製作会社に勤務後、71年にフリーの写真家として独立。以後、日本はもとより世界の鉄道を取材し、「鉄道と旅」をテーマに、撮影、執筆を続ける。著作多数。近著は『鉄路のその先へ』（中央書院）など。

冬の飯山線は一面の銀世界。空は青く、遠くには雪化粧をした山々が連なる。飯山線の気動車が、そうした絶景の中を駆け抜けていく。

飯山線

日本一の豪雪路線を各駅停車
雪見の温泉巡りを愉しむ

豊野〜越後川口

豪雪地帯で知られる飯山線は、雪をかきわけながら列車が走る。幻想的な雰囲気を醸し出す沿線は、旅心を刺激してくれる。

（上）雪国の小京都とも称される飯山市の玄関・飯山駅のホームには、「七福の鐘」と呼ばれる鐘楼が設置されていて、鐘を突くために訪れる観光客もいる。（下）野沢温泉の源泉の１つである麻釜では、地元の人たちが野沢菜を茹でるのに使っている。

馬曲温泉望郷の湯

馬曲温泉は棚田だった土地を温泉公園に整備した。のどかに回る茅葺きの水車小屋が旅の疲れを癒してくれる。長野県下高井郡木島平村大字往郷5567-1　☎0269-82-4028　(営)6〜22時（冬季は7〜21時）(休)第2水曜　(料)500円

野沢温泉村のホテル住吉屋

「村のホテル」として親しまれるホテル住吉屋は、湯宿の情緒を漂わせながら、普段着のおもてなしが受けられる。長野県下高井郡野沢温泉村豊郷8713　☎0269-85-2005

ＪＲ飯山線は信越本線の豊野から、上越線越後川口を結ぶ96・７キロの未電化のローカル路線。ほぼ全線にわたり千曲川と名を変えた信濃川に沿って走る風光明媚な路線でもある。

座席を進行方向右側に陣取れば、千曲川の流が望めるはずだ。長野を出た列車は善光寺平をしばし信越線と併用して走り、豊野から短線区間の飯山線に入るとリンゴ畑から山間部に分け入ってゆく。

沿線は名だたる豪雪地帯で、厳冬の頃は雪見列車の趣が感じられ、冬のローカル線の旅ではイチオシの路線でもある。昭和40年代の初頭には、「ハチロク」と言われた８６２０型蒸気機関車の引く朝の通勤列車が走っていた。この機関車は大正時代生まれの老練。雪景色に映えた蒸気機関車だった。替佐《かえさ》駅では「高原のポニー」といわれたＣ56型機関車と交換した。

車両や沿線の風景はすっかり当時とは変わったが、不思議と雪景色の鉄道風景は変化が少ないように感じられた。

飯山までは千曲川の河川段丘をカーブを描きながら進む。最も飯山線らしい風景で、時々沿線でカメラを構えるレールファンの姿を見かけることもある。飯山駅で途中下車する。飯山市は、奥信濃の小京都といわれる寺社仏閣の多い町で、駅舎は寺社をイメージした造りで、ホームにはなんと鐘楼までがある。この『七福の鐘』を自由に撞くことが出来る。

「長野県内の鉄道の活性化を図るため、国鉄時代の昭和61年に一駅一名物として設けられたものです。一回訪れるごとに一回撞き、七回撞くと願い事が叶うといわれています」

と駅前にある飯山駅観光案内処の常田とねさん。ためしに撞くと、雪のためかこもったような重々しい音が響いた。

駅員さんの勧めで、タクシーで木島平の馬曲《まぐせ》温泉に向う。馬曲温泉「望郷の湯」は木島平から馬曲川にそって山合いに入ったところにある。展望露天風呂が有名で、冬場も賑わっている。

「例年ここは1月終わりごろに2メートルくらいの雪が積もります。

遠くに木島平村の中心部、そして高杜

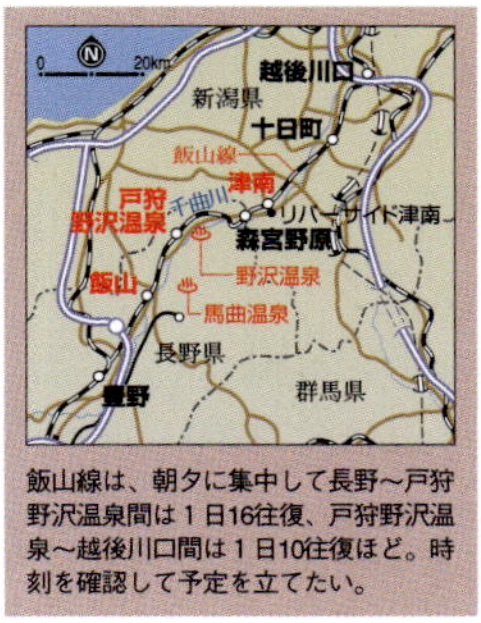

飯山線は、朝夕に集中して長野〜戸狩野沢温泉間は１日16往復、戸狩野沢温泉〜越後川口間は１日10往復ほど。時刻を確認して予定を立てたい。

見上げるような雪の壁を走り抜け 駅構内を見渡す津南の雪見温泉へ

豪雪の時は、早朝などにラッセル車が運転されることもある。飯山線の冬の定時運行を支える頼もしい縁の下の力持ちである。

ＪＲの駅で日本最高積雪を記録した森宮野原駅には、当時の積雪と同じ高さの記念碑が立つ。天井よりも高く積もるほどの豪雪地帯ということが感じられる。

平滝駅付近にはスノーシェードが設置され、雪から線路を守っている。スノーシェードに雪が積もっている光景は、豪雪地帯ならでは。

（上）旨いへぎそばを食べられると評判の「小嶋屋本店」。新潟県十日町市本町4丁目 ☎025-757-3155

（右）津南駅構内にあるリバーサイド津南は、立ち寄り温泉施設。☎025-765-4733 ㊢10〜21時（1月、2月は〜20時） ㊡月（祝祭日は営業）㊑500円

山と山腹の木島平スキー場、牧の入スノーパークなどが見えます。北アルプスが見えるときもありますよ。

1月下旬から2月アタマはあまりお天気が期待できません。たいてい雪か曇りなんです。でも2月の半ば以降は晴天続きですからそのころがオススメです」

というのは支配人の関光正さん。

ここは紅葉の頃の美しさも絶景だが、雪景色の展望も温泉情緒の趣がありなかなかのもの。やはり長湯となってしまうのはしかたがない。

木島までタクシーで送ってもらい、バスに乗り換えて野沢温泉に向う。今晩は同温泉のシンボル「麻釜《おがま》」の前に建つ「村のホテル・住吉屋」に旅装を解く。この宿の特徴は浴場のすぐ近くから湧出した湯がそのまま浴槽に注ぐもので、無色透明硫黄臭硫黄味の、柔らかく肌触りの良いお湯が流されている。

「昭和5年、流行に遅れじと突然スキーをしてみることを決意した「のらくろ」の作者の田河水泡さんが、住吉屋を訪れ以後、のらくろ先生の常宿となりました。「のらくろ」の漫画には当時の野沢温泉のスキー場や宿の雰囲気と共に手にとるように描かれているんです」

と女将の河野嘉子さんは語る。

翌日は再び飯山線の旅を続ける。飯山から先は積雪も多くなり長野、新潟県境の積雪は線路脇に壁を作っているほどで、車窓を望むこともままならない。森宮野原駅では１９４５（昭和20年）2月12日に7・85メートルの積雪を記録している。構内にＪＲ日本最高積雪地点を示す標柱が立てられ、車窓からも望むことができる。

新潟県に入って津南《つなん》で途中下車する。駅舎は「駅の温泉リバーサイド津南」を兼ねていて、2階部分に温泉がある。循環式の今風の日帰り温泉施設ながら、浴槽の三方の窓からは駅構内が見渡せ、列車の見ながらの雪見風呂が楽しめる。

津南からさらに飯山線の旅は続くが、さらに積雪を増してきた。列車は定時運転。雪国の鉄道は雪に強い頼もしい足だ。

この旅の締めくくりの途中下車は十日町に決めた。へぎそばで地酒を呑みつつローカル線の旅を楽しみたい。そして十日町はきものの町、私は日頃きものを愛用しているので、春先のきものでも選ぶことにしょう。

モデルプラン（東京発着1泊2日）

1日目

07:52 東京
↓ 「あさま507号」
09:47 長野
10:02
↓ 普通
10:47 飯山
10:55
↓ 長電バス+タクシー
11:20 馬曲温泉望郷の湯
15:00
↓ タクシー+長電バス
15:51 野沢温泉

2日目

10:42 野沢温泉
↓ 「湯の花号」
11:00 戸狩野沢温泉駅前
11:06 戸狩野沢温泉
↓ 普通
11:56 津南
14:29
↓ 普通
14:53 十日町
17:34
↓ 普通
18:01 越後川口
18:05
↓ 普通
18:37 長岡
19:00
↓ 「とき346号」
21:00 東京

切符情報

長野から飯山線経由で長岡までだけならば、乗車券のみで2210円となる。旅が東京発着ならば、東京から長岡まで6090円、長岡から東京まで4620円、そして特急券となる。

上境駅ー上桑名川駅間を走る飯山線のディーゼルカー。この区間は千曲川に沿うように線路が敷設されており、上境駅を下車すればすぐのところに千曲川を見ることができる。

山陰本線

城崎温泉〜米子

山陰の名物松葉ガニを食べ尽くし　歴史を刻んだ鉄橋の名残を留める

大阪から松葉ガニの名産地・香住へと走る臨時特急列車「かにカニはまかぜ」は、大阪駅発7時48分、香住着11時43分。2007年は1月5日〜2月28日まで運行。土日休日は少しばかりダイヤが変わるので要注意。

志賀直哉の小説「城の崎にて」でも有名な城崎温泉は、ほかにも泉鏡花、司馬遼太郎、与謝野晶子などが愛した。浴衣に下駄で散策するのが城崎の風習でもある。

カニの季節の最盛期である。越前ガニの本場福井県では、かつてカニは子供のおやつ同然。5円玉で「セイコガニ」といわれるメスガニが食べられた時代もあった。そんな時代を経験しているだけにカニにはちょっとうるさい。

今回の「カニ食いの旅」は、越前ならず、もうひとつのカニの名産地、山陰海岸への旅である。さて、どんなカニづくしの旅となるやら。

旅立ちは新大阪駅で新幹線から、城崎行きの特急「かにカニはまかぜ」に乗り換えて、直行である。カニを一刻も早く喰らいつきたいのでこの特急列車を選んだ。城崎に近づくと、車窓は次第に雪景色となり、冬の暗い空が広がり、カニを食べる環境が整いつつあった。まずは天下の名湯「城崎温泉」で湯浴みとしゃれ込む。駅前から温泉街の道のあちこちにカニを売る店が建ち並び、思わず舌なめずりをしてしまう。

「城崎は外湯を中心に栄えてきた温泉地です。昔は内風呂を持つ宿は少なく、玄関先の『内風呂あり』の看板が、その名残をとどめています。したがって城崎ではぜひ七つの外湯を体験してください」

と、城崎温泉観光協会の大垣朱里さん。大谿川《おおたに》の柳並木のほとりに地蔵を祭る「地蔵湯」に行く。江戸時代、里人の外湯として親しまれてきたという歴史ある共同湯だ。本格的カニ料理は今夜の宿で

日本最長の路線だが、全区間を通して走る列車はない。城崎温泉より先はローカル色が強くなり、運行される本数も少なくなるので注意。

カニづくしを心行くまで味わう。リーズナブルに食べられる休暇村竹野海岸には名物のズワイガニ料理を味わおうと、全国からツアーが組まれるほど。

休暇村竹野海岸

冬の荒々しい日本海を見下ろす小高い丘の上にある。「1泊2食付カニ極みプラン」は2万8000円〜。
兵庫県豊岡市竹野町竹野☎0796-47-1511

山陰沿岸はカニの漁獲地として有名。特に香住や竹野は屈指の漁獲量を誇る。

松葉ガニ（ズワイガニ）のメスはセコガニと呼ばれ、卵巣は珍味として知られる。カニ好きなら一度は食べてみたい。

味わうので、カニ売りを横目で眺めて、城崎駅の名物駅弁「献上松葉かにずし」(1530円)を遅い昼食とする。松葉ガニを使用しており値段の価値ありの「カニ弁当」である。城崎から鳥取方面行きの各駅停車に乗り、雪景色を眺めながらさっそく食する。「山陰本線かにづくしの旅」のスタートといったところである。

城崎を発車して二つのトンネルを出ると、車窓に荒波の日本海が見える。海岸沿いは雪見列車というよりは、冬の鉛色の日本海を眺める旅となる。駅弁を食べ終わった頃に竹野に到着した。

カニを食する地に迷ったが、今回はリーズナブルに安心して食べられる公共の宿を選んだ。休暇村「竹野海岸」は平成16年に新温泉開湯。温泉とカニづくしが楽しめるアナ場的「カニ道楽」といったところだ。

宿に入り、まずは温泉露天風呂で温まる。日本海の荒波を見ているとカニ料理に期待が湧いてくる。

「カニ極みプラン」は、地元で上がったゆでガニ一ぱいと、刺し身、焼きガニなどのカニ料理のフルコース。

「カニスキは、この但馬地方が発祥なのです。但馬独特の出汁にこだわったカニスキは、カニ料理の醍醐味といったところです。幸いこのところ漁獲量と値段も安定していますし」

と、カニ料理を自慢する同休暇村の奥原　勉さん。セコガニはオプションで追加できる。仕上げのカニ雑炊は、さすがカニスキ発祥の地だけあり出し汁にカニ

鉄橋の付け替えも間近となり、雪に染まった名風景も様変わりする

冬の日本海は太平洋とは違い荒々しい波が勢いよく押し寄せる。夏の青々とした風景と違う男性的で豪快な日本海は冬の風物詩。

漁村の趣のある泊駅は日本海の入り江に面している。江戸時代には陸路と海路の要衝としてにぎわっていた。駅のすぐ脇を国道9号線が走っており、昔の面影はわずかとなった。

の旨みが加わり、カニに「うるさい」者にとっても満足。

「最近は、餘部《あまるべ》鉄橋を見に来る方も増えてきました。今日も京都からのご年配グループが鉄橋を見てきたそうです」（奥原さん）

近々、鉄橋が付け替えられるというので、休暇村は鉄橋見物、撮影に訪れる人たちのベースの宿にもなっている。

餘部鉄橋は鎧《よろい》駅と餘部駅の間にかかる高さ41・5メートル、長さ310・7メートルの鉄橋で、トレッスル式と呼ばれる鋼材を組み上げた鉄道橋で明治45年（1912）に完成した。

「初めて訪れたのは中学生のころでした。その後も何度か訪れて、ここは僕の青春時代の思い出があるんです。古い趣ある鉄橋がコンクリートに変わるのは寂しいですねぇ、明治時代の建造物として鉄道文化財の価値は充分あるのですが」

と、鉄道に詳しいライター栗原景さん。

この鉄橋にはSLが良く似合い、四季折々の風景に絶妙にマッチした。今日も何人かの鉄道ファンが名残の勇姿をカメラにとどめていた。

餘部鉄橋で冷えた体を鳥取駅前の「鳥取温泉」で癒す、途中下車の湯浴みといったところである。山陰本線のカニ三昧の旅の終わりは、鳥取駅の「元祖かに寿し」と、湯上りのビールを買い込んで米子行きの各駅停車に乗り込む。

米子に近づくと車窓には新雪をいただいた伯耆《ほうき》大山が車窓に見えてくる。酢がたっぷり効いた元祖かに寿しの味が、ま

この記事は平成19年のものです。現在、餘部鉄橋の工事は始まっています。

日本一の鉄道風景とも称される餘部鉄橋は、高さ41メートル。橋の上を走る列車から眺める日本海は、まさに絶景。

どろむ眠気を覚ました。特急「やくも」に乗り継ぐ米子は間もなくである。

モデルプラン（大阪発着1泊2日）

1日目

07:48　大阪
↓　特急「かにカニはまかぜ」
11:13　城崎温泉
13:57
↓　普通
14:15　竹野

2日目

10:17　竹野
↓　普通
11:05　浜坂
11:59
↓　普通
12:45　鳥取
14:04
↓　普通
15:50　米子
16:23
↓　特急「やくも24号」
18:28　岡山
18:42
↓　「のぞみ44号」
19:28　新大阪

切符情報

大阪発着にすると、乗車券がひと筆書きすることができて、お得だ。この場合、上記のルート通りで乗車券は9870円。そして「かにカニはまかぜ」などの特急券が必要となる。

地元の漁港で水揚げされたカニを使った鳥取駅の名物。カニを贅沢に散らしている。年中販売しているのも嬉しい。920円

函館本線 室蘭本線

雄大な噴火湾の風景を眺めながら沿線の名物駅弁を満喫する

函館〜苫小牧

函館駅から少し走ると、渡り鳥が飛来する大沼が車窓に現れる。遠くに雪化粧をした駒ケ岳を眺望することができる。

目の前には内浦湾が広がる石倉ー本石倉間の荒涼とした大地を走るキハ40系気動車。この区間の普通・快速列車は一日に7往復しかなく、冬の旅にはきちんとした計画を立てたい。

特選鰊みがき弁当

特選鰊みがき弁当には甘醤油で煮たニシンと数の子がたっぷりと入っている。ニシンは、秘伝のタレで柔らかく煮込まれている。函館駅構内で販売。840円

いかめし

北海道の駅弁としてはお馴染みの森駅で販売されているいかめし。醤油で煮込んだいかの芳ばしい香りは観光客からは絶大な人気を誇っている。函館本線森駅で9時ごろから販売。売り切れ次第、終了。470円

長万部温泉ホテル

長万部ホテルは国道から長万部の繁華街に入った場所にある。駅から徒歩１０分という立地。北海道山越郡長万部町温泉町402　☎01377-2-2079　1泊2食6000円～

夕食には、内浦湾で大量に獲れる地元特産の毛ガニが食べられる。ホタテやホッキといった新鮮な魚介類を豪勢に使った北海道の味覚が楽しめる。

ホテルの温泉は日帰り入浴も可能で、地元の人も利用している。お湯は天然の源泉かけ流し100%で、予約すれば貸切の家族風呂も用意してくれる。

早朝、宿から凍てついた朝市までを歩く。函館の旅での朝飯はここ朝市の大衆食堂で済ませることをオススメする。

それでも旅に出ると食欲が出るもので、駅で「鰊《にしん》みがき弁当」と北海道限定ビールを買って、長万部方面行きの各駅停車に乗り込む。この弁当は昭和40年代初頭に発売した函館駅の定番弁当。御飯の上にニシンの甘辛煮と味付けカズノコがたっぷりと乗っている。「鰊」と書かれた包み紙も江差、松前港の大漁旗を思わせるようで微笑ましい。

長万部までの旅に各駅停車を選んだのは、大沼、噴火湾沿いの雪景色をゆっくり見たかったこと、途中の駅で「元祖名物駅弁」をぜひとも買いたいからである。

函館を発車した列車が久根別トンネルを出ると、行く手に駒ケ岳が望まれ、氷結した大沼、小沼が車窓いっぱいに広がる。絶景と呼ぶにふさわしい雪景色の大沼公園だ。

駒ケ岳の勇姿が車窓右左と目まぐるしく変化うちに、噴火湾が望まれると森駅に到着。途中下車する。各駅停車を選んだ「恩恵」に預かり、名物駅弁「森のい

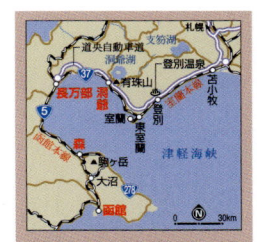

函館からローカル線で走るには、本数が少ないために降りてしまったら待ち時間が長くなる。プランを上手に立てないと厳寒の北海道でたいへんだ。

沿岸路線の名物駅弁は味も格別
人との触れ合いがひと味添える

かめし」を味わう。特急列車では味わえない駅弁である。

「『いかめし』のためだけに下車する人が大勢いるんですよ。昭和16年以来変わらぬ味を提供しています。こんなところは珍しいでしょう?」

と、キヨスクのおばさん。私も待合室のストーブの横でひとつを平らげた。

次の列車で長万部へ。車窓右側に噴火湾(内浦湾)が望まれ、晴れた日には遠く噴煙上がる有珠《うす》山が望まれるはず。

長万部《おしゃまんべ》駅の名物駅弁といえば「かにめし」が知られる。北海道で一番有名な老舗カニ駅弁といったところだ。味付け御飯の上に当地の名産毛ガニのほぐし身が敷き詰められ、椎茸やグリーンピースなどでアクセントを添える。

ここで一泊。長万部温泉に泊まると、リーズナブルな料金ながら、夕食には毛ガニがマルマル一パイ付く。カニ好きにはたまらない豪勢さだ。

さて、鉄道写真撮影のメッカ礼文華《れぶんげ》を過ぎ洞爺《とうや》に近づくと車窓左には雪をいただいた噴煙を上げる有珠山が見えてくる。この駅のお勧め駅弁は「ホッキめし」である。

「ホッキ貝とこれまた北海道名物の帆立を並べました。ホッキ貝は厚手で歯ごたえがあり、食べ応え充分です。人気なのですぐに売り切れるのですが、個人のお客様でも前もって予約していただければ列車にお届けします」

と、製造元の洞爺駅構内立売商会佐藤活明さん。うれしいサービスだ。

洞爺のホッキめし

洞爺のホッキめしは、ほどよい酢の味が肉厚のホッキの味を引き立てている。錦糸卵のアクセントが絶妙。1050円洞爺駅で販売。洞爺駅構内立売商会　☎0142-76-2221

かにめし

長万部駅の「かにめし」は、乗車2日前までに予約すれば、車内のワゴン販売でも買うことができる。1050円。車内販売の予約はＪＲ北海道客室乗務員センター　☎011-261-6819（一部販売しない列車もあり）

モデルプラン（函館発札幌着1泊2日）

1日目

10:44	函館
↓	普通
12:06	森
13:24	
↓	普通
14:41	長万部
	長万部温泉ホテル

2日目

13:12	長万部
↓	普通
14:02	洞爺
	洞爺湖、昭和新山などを巡る
17:09	洞爺
↓	特急「北斗15号」
18:59	札幌

切符情報

函館から札幌まで函館、室蘭本線、千歳線経由で乗車券5560円。北海道札幌・道南以外の地域発着の場合には、周遊きっぷ「札幌・道南ゾーン」（特急も利用可）9000円の利用がオススメ。

北海道の旅の楽しみは車窓にもある。雪原のキタキツネなどの小動物やエゾシカの姿を見つけることもある。

室蘭本線の白老付近では、有名牧場が点在し、サラブレッドを見ることができる。白老―沼ノ端間の約28.7キロは鉄道の日本最長の直線区間でもある。

この函館本線、室蘭本線は噴火湾の風景もさることながら大沼、有珠山、昭和新山、樽前山など名だたる活火山を車窓に見て走る「ボルケーノライン」。のんびり車窓の風景を眺めながらの駅弁の味もまた格別。雄大な北海道の雪景色がひと味を添えてくれることであろう。

米坂線

露天風呂から眺める列車は一枚の絵 豪雪地のただなかを、気動車で行く

米沢～坂町

雪深い米坂線では、かつて雪を巻き込んで遠くに飛ばすロータリー車が活躍していた。除雪作業は北国の冬の風物詩。その姿を一目見ようと米坂線を訪れるファンもたくさんいた。

米坂線は米沢駅と坂町駅とを結ぶ90・7キロの非電化ローカル線である。線路が縫うのは飯豊山塊と朝日連峰に挟まれた峠越えの細道。第一級の豪雪地帯だ。米沢で発車を待つ列車には、道中を暗示するかのような氷雪がびっしり。国鉄型気動車の2両編成である。

汽車旅といえば駅弁。米沢といえば米沢牛。「牛角煮弁当」を買い込む。「山形県産牛のバラ肉を箸でも切れるぐらいに秘伝のタレで煮込んだもので、ご飯には県産の〝はえぬき〟を使っています」（駅ホームの弁当店の販売員）

真っ黒な樹脂製の容器はまんま牛の顔。見た目もユニークなのだが、「ちょっとした遊び心もあるんですよ」というフタを開けてみれば、「花笠音頭」が流れるという凝りようだ。

弁当を携えてボックス席に座ると、ほどなく米坂線の旅がはじまった。西米沢までは市街を遠巻くように進むが、それが途切れると雪化粧した田園が拡がる。白飯と牛角煮の味わいを楽しみながらさっそくの雪見列車である。

山形鉄道と接続する今泉を過ぎると次第に山あいになり、手ノ子付近で雪かさが格段に増した。沿線ではこの付近がもっとも雪深く、積雪4メートルを超えることもしばしばだという。音が雪に吸い込まれているのだろう、車内にはくぐもった振動があるだけで静かな道ゆきだ。座席の下から暖気が伝わってくる。

小国《おぐに》では11分停まるのでホームに出てみる。飯豊山の登山口で、山あいには泡

鷹の巣温泉
四季の郷喜久屋旅館

鷹の巣温泉の「四季の郷喜久屋」は、隠れ家的な佇まいが人気。温泉は、古来より湯治客でにぎわった。新潟県岩船郡関川村鷹の巣1076－1　☎0254-64-2393
1泊2食19950円～

米沢～坂町（一部は～新潟）を走る快速列車「べにばな」も１日２往復運行されている。場合によって利用するのも得策。

米沢から県境を越えて新潟県に出る米坂線には、国道113線と並走。山と山に挟まれた狭い平地の線路を静かに列車が走っていく。

名産の米沢牛を詰め込んだ牛角煮弁当。蓋を開けると花笠音頭のメロディが流れたり、斬新なデザインが人気。米沢駅で販売。予約可。1250円 松川弁当店 ☎0238-29-0141

珍しい名前の雲母（きら）温泉は荒川沿いに共同浴場が設けられている。花崗岩の結晶「雲母（うんも）」が朝日を浴びてキラキラ輝き「雲母（きらら）」と読まれたことによる。

ノ湯などの秘湯が湧く。小国から先は荒川沿いになる。赤芝峡や荒川峡などの景勝地だが、雪深いいまは半分氷りついた川面がたゆたう水墨画の世界だ。

越後片貝の先で、右の車窓の対岸に鷹の巣温泉が望まれた。今夜はつぎの越後下関《しもせき》で降りて、鷹の巣温泉の四季の郷喜久屋に旅装を解く。

鷹の巣温泉は荒川峡の岬部分、国道の対岸にあるため、宿へは吊り橋を渡ってゆく。隠れ郷ふうの環境だが、ここでは客間も離れが主体で、俗界から隔たった感じだ。しかも離れ全室にそれぞれ露天風呂がある。掛け流しの湯に浸かり、荒川峡の雪景色を望んでいると、対岸を米坂線の列車が駆けていった。

晩餐には十数種の山菜をはじめ、岩船港に揚がった日本海の幸などが並ぶ。「独自の保存法により1年を通じて山菜をお楽しみいただいております」（3代目・小山泰喜さん）

静寂な一夜を過ごし、米坂線に戻る前に雲母温泉上関共同浴場で一浴。渋めの浴場で熱めの湯を楽しみ、坂町ゆきに乗り込む。麓の本線に向けて駆け降りる車窓もまた、雪また雪の世界であった。

モデルプラン
（東京発着1泊2日）

1日目

09:24 東京
↓ 「つばさ109号」
11:25 米沢
12:16
↓ 普通
14:19 越後下関
↓ タクシー
14:40 鷹の巣温泉

2日目

鷹の巣温泉
↓ タクシー
11:30 越後下関
下関温泉に立ち寄り入湯
14:19 越後下関
↓ 普通
14:31 坂町
15:11
↓ 普通
16:15 新潟
16:43
↓ 「Maxとき338号」
19:00 東京

切符情報

米沢から坂町まで乗車券のみで1620円。東京発着にすると、米沢まで山形新幹線、新潟から上越新幹線利用、ぐるりと回って、乗車券12810円、特急券9220円となる。

 文／植村 誠

信越本線

美しい山々を眺める高原列車と日本海を望む海岸列車の2つの顔

長野～柏崎

青海川駅付近は日本一海に近い駅と言われており、海を望める絶景の駅でもある。町並みと日本海とのコントラストが美しく、CMやドラマ撮影でも使用されている。

妙高山は越後富士と呼ばれるが、長野県でも北信五岳の１つでもある。両県のシンボルでもあり、アイデンティティにもなっている。

夏季は海水浴場のある塚山駅は多くの人出でにぎわい、臨時快速列車マリンブルーくじらなみが停車する。長島一塚山間が雪に包まれる冬季は普通列車しか停車しない。

スキー場としても人気が高い黒姫山が駅ホームから遠望できる。黒姫の由来は城主の一人娘にちなむが、俳人・小林一茶の一茶記念館などを訪問する旅行者もいる。

この路線も、他線と同様にローカル線の運行は少ない。しかし、快速「妙高号」は運賃だけで乗車でき、座席もリクライニング仕様なのでぜひ利用したいもの。

信越本線（しんえつほんせん）は、群馬県高崎市の高崎駅から群馬県安中市の横川駅までと、長野県長野市の篠ノ井駅から新潟県上越市の直江津駅を経由して同県新潟市の新潟駅までを結ぶＪＲ東日本の幹線鉄道である。つまり、横川～篠ノ井間（横川～軽井沢は廃線、軽井沢～はしなの鉄道）で２つに分断された路線である。篠ノ井から長野を経て直江津までは山間を走り、直江津から柏崎までは日本海沿いに走る。さらに新潟までは内陸を走る。

写真／南正時、村松映三、松尾定行、佐々倉実（鉄道写真どっとネット）、真島満秀写真事務所、レイルマンフォトオフィス、エムオーフォトス（宮本）

磐越西線

猪苗代湖と磐梯山を望む会津盆地から阿賀野川の渓谷へ分け入っていく

郡山～新津

喜多方より西は電化されていないために、気動車が走るローカル線の趣の強い区間。

磐越西線と言えば、土日に運行されている快速「ＳＬばんえつ物語号」が人気の路線である。しかし冬場はＳＬを運転しないのが残念だ。

磐越西線からは表磐梯の雄大な景色を見ることができる。磐梯山を正面に見られる区間は磐越中線とも呼ばれる。裏磐梯は大自然が残り、日本の秘境100選に選出されている。

磐越西線（ばんえつさいせん）は福島県郡山市の郡山駅から会津若松駅を経由して新潟県新潟市の新津駅までを結ぶＪＲ東日本の幹線鉄道。 会津若松～新津間には森と水とロマンの鉄道という愛称が付けられている。郡山から中山宿駅を過ぎると、猪苗代湖と磐梯山が眼前に迫る。ひととき平地を走るが、会津若松を過ぎると再び列車は山間に分け入ることになる。喜多方から新津間はディーゼルカーが走るローカル色の強い路線となっている。

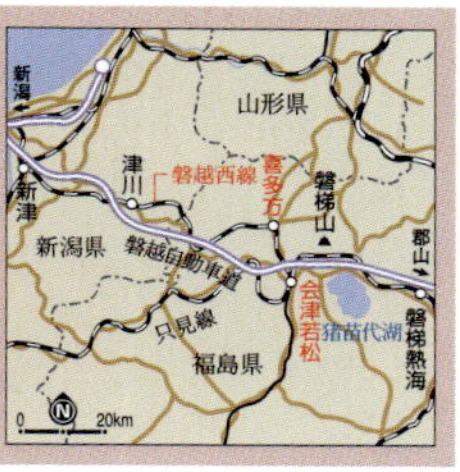

喜多方から新津までは、運行が朝夕に集中していて、昼に途中下車してしまうと、夕方まで待たねばならなくなる可能性がある。

 編集協力／小川裕夫

一個人
定価500円(税込)
大人の「隠れ京都」案内
紅葉の隠れ名刹を歩く
古寺名刹の精進「昼御膳」
寛ぎの甘味処
片泊まりの宿で寛ぐ
京町家の食事どころへ
俵屋ものがたり
京料理の名店 頂上六番饗宴

一個人
定価500円(税込)
鉄道の達人が教える列車の旅
全国トロッコ列車ベスト10
「走るホテル」で、ゆったり個室寝台列車の旅
世界の豪華寝台列車10

一個人
定価500円(税込)
築地&全国市場の歩き方
日本の三大魚市場を巡る
全国91カ所の魚市場ととびきり旨い食事処
築地場内外の専門店と激旨寿司店完全ガイド
魚市場の名物朝ご飯を食べる

一個人
のんびり列車の旅
山へ、海へ!絶景のローカル列車に乗る
定価500円(税込)

一個人
極楽!源泉の湯宿
源泉100%の極上湯に浸かる
黒川温泉vs由布院温泉
秘湯の一軒宿へ
定価500円(税込)

一個人
旨い!本格焼酎飲み比べ
芋、米、麦焼酎の逸品を焼酎の達人6人が徹底試飲
全国の実力酒販店90軒
定価500円(税込)

ローカル線と冬の露天風呂の両方満喫する5つの旅プラン

ローカル列車に乗って名湯・秘湯巡り

名湯・秘湯と呼ばれる温泉旅館は、総じて地方のローカル線の沿線に位置する。ここでご紹介するのは、花輪線、高山本線、北上線、会津鉄道、島原鉄道の4路線。雪見露天で疲れを癒す旅に出た。

旅情満点の奥羽山脈を横断する花輪線の電車、懐かしい国鉄カラーのディーゼルカーが走る。

冬の間は、出発駅の好摩から雪深い。写真は好摩駅を出てすぐの大更辺りの風景。

花輪線

●好摩発→湯瀬温泉

旅情満点の奥羽山脈を横断して、渓谷の湯瀬温泉郷へ

キハ52、58の国鉄時代のディーセルカーが懐かしい

盛岡から北の東北線は新幹線が八戸まで延びたので、第三セクター鉄道のいわて銀河鉄道、通称ＩＧＲの路線になった。走っているのはＪＲとほぼ同じ電車である。好摩まで20分ほどで到着。ここで花輪線に乗り換える。

花輪線の列車は盛岡から直通しているのに、わざわざ先にＩＧＲの電車で好摩まで先に行ったのは訳がある。石川啄木のふるさとの駅だからである。実際には渋民駅のほうが近かったが、当時は駅がなかった。好摩の花輪線のホームには啄木の歌碑が置かれ、その横で花輪線の列車が来るのを待った。

花輪線の列車は軽快気動車のキハ１１０形二両編成、キハ１００形よりもひと回り大きい。左手に岩手山がそびえ、それを眺めつつ進む。ワンマンだったが、なぜか車掌さんが乗っていた。岩木山の写真を撮っていると、

「岩木山もいいですが、これから八幡平を抜けていきます。素晴らしい眺めですよ。いい写真が取れます」

と車掌さんが教えてくれた。

八幡平の北側の急坂を登っていく。見

花輪線の中では、大きめの駅舎がある荒屋新町駅。ホームの上に降り積もった雪を踏みしめ歩く。

列車の先頭車両にある運転席の横から、走行シーンを眺めることができるのも、ローカル列車の楽しみ。

ローカルな情緒が溢れる赤坂田駅で乗降する地元の乗客。1982年に無人駅となっている。

湯瀬ホテル

湯瀬温泉郷は米代川の渓流に沿って旅館が並ぶ。川の瀬から湯が湧くほど湯量が豊富なことから「湯瀬」の名がついた。湯瀬ホテルは、山あいに建つひときわ鮮やかな温泉リゾートホテル。

(左)川のせせらぎが聞こえてくる露天風呂。(上)湯瀬ホテルの全景。室内プールやボウリング場などの施設も充実している。(中)渓谷を見ながら入浴できる大浴場。(下)自然光を取り入れた明るく開放的なロビー。☎0186-33-2311 (住)鹿角市八幡平湯瀬湯端43。

朝夕の列車の一部は、松尾八幡平駅で発着される列車がある。(荒屋新町駅と鹿角花輪駅でも)次の駅がスキー場で名高い安比高原駅。

秋田と岩手の県境を超えて、湯瀬温泉駅に到着。米代川の渓流にたたずむ湯治場といった雰囲気がある。

晴らしがよく高原列車という趣である。2回山越えをする。最初のほうの山の頂点に安比高原駅があり、標高は504メートル、花輪線で一番高い。

湯瀬温泉駅に到着。駅を出て大館寄りの米代川沿いに湯瀬温泉郷がある。

「湯量が豊富で川の瀬からも湯噴出していることから湯瀬の名が付きました」

と湯瀬ホテルの中川裕之さん。

「お肌によく、古くから美人の湯といわれています。露天風呂は米代川に面して素晴らしい景色が眺められます」

湯量とすばらしい景色に圧倒されつつ、宿で温泉に浸かり、再び花輪線に乗る。

湯瀬温泉から乗った列車もキハ110形二両編成。米代川の渓谷を見ながら下る。花輪盆地に入って、降り立った駅は十和田南。

平地なのにスイッチバック駅である。十和田南から北上して大湯温泉を経て、東北線三戸までの路線を建設しようとしたためだと思われる。

そこで駅の方に聞いてみた。

「そうですね。三戸までは無理でしょうが、大湯温泉までは延びることになっていました。実現しなくて残念です。大湯温泉はいいところですよ」

延長は実現しなかったが、大湯温泉の龍門亭千葉旅館へタクシーで向かった。来満街道の要衝にある大湯温泉は大湯川

八幡平のアスピーテライン沿いにある一軒宿の後生掛温泉。「馬で来て下駄で帰る後生掛」と言われるほど温泉力がある。

後生掛温泉

花輪線の沿線駅近くにはないが、ちょっと足を伸ばせば秘湯、後生掛温泉がある。ただし、行く場合は、こちらで1泊する。木箱から首だけ出してあたたまる名物の「箱蒸し風呂」、気泡が肌を美しくする「火山風呂」、全身湿布作用で美肌効果のある「泥風呂」など7つの温泉浴が楽しめる。泉質は酸性単純硫黄泉。(交)冬期(11月〜4月)は鹿角花輪駅から秋北バスに乗って約40分。☎0186-31-2221。

龍門亭　千葉旅館

800年前に大湯川沿いに自然湧出した温泉地で、江戸時代にはこの地を治めていた南部藩の保養温泉地に指定された。客室は和室が33室。大浴場は男湯、女湯各1、露天風呂は男湯、女湯各1。100%源泉かけ流しで、泉質はナトリウム塩化物泉。夜には庭園がライトアップされて、幻想的な雰囲気が堪能できる。
(住)秋田県鹿角市十和田大湯字上の湯16番地。☎0186-37-2211。(交)十和田南駅下車、バスで20分。

に自然湧出し開湯800年の歴史を持つ。江戸時代には南部藩の保養地として有名で、温泉の効能も高い。龍門亭千葉旅館はその中でも140年の歴史がある老舗だ。社長の千葉潤一さんが語ってくれた。

「南部藩士だった千葉禮《れい》八《はち》胤《たね》虎《とら》が廃藩後の明治2年に、この旅館を開業したので千葉旅館といいます。龍門亭には庭園のこだわりがあります。夜はライトアップする自慢の庭園があり、ラウンジやお客様のお部屋、お風呂からもその庭園を眺められます」

とのこと。幻想的なライトアップされた庭園を眺め、効能の高い湯、檜造りの露天風呂に浸かった。

翌日、大湯川上流にある共同浴場荒瀬の湯に散歩がてら浸かりに行った。古びた湯小屋がたまらない風情である。浴槽の下からお湯が出ており、結構熱く、浴後も体がホカホカとし、冬の寒空にちょうどいい。

再び十和田南に戻り、花輪線で大館に向かった。大館からは奥羽線で秋田、ここから秋田新幹線に乗り東京に戻った。

花輪線の旅スケジュール

1日目
8:56　東京発
JR新幹線はやて9号
11:22　盛岡着
11:43　盛岡発
IGRいわて銀河鉄道
12:06　好摩着
好摩駅周辺で昼食
13:15　好摩発
JR花輪線
14:31　湯瀬温泉着
徒歩にて湯瀬ホテルへ。
宿泊

2日目
11:33　湯瀬温泉発
12:00　十和田南
バス、又はタクシーにて
龍門亭千葉旅館立ち寄り湯
14:58　十和田南発
15:36　大館
大館周辺を観光して、東京へ

ローカル線の旅情をかきたてる駅員が列車を見送る風景。終点の大館はもうすぐ。

田山から兄畑の間を走る列車。好摩から行くと湯瀬温泉の手前。

文／川島令三　撮影／宮崎敬

高山本線

岐阜駅より、日本三名泉のひとつ「下呂温泉」を訪ねる

●岐阜→下呂温泉

「特急ワイドビューひだ号」は座席が少し高く、車内より谷川の景観を見下ろしやすい。

渓谷と河川の景観を楽しみつつ秘境の温泉地を目指す

高山本線は、本州中部に位置する岐阜県より富山県に向かって延びる、本州を縦断する路線である。東海道本線の岐阜と、北陸本線の富山を結ぶ全長約226キロは全線非電化で成り立っている。

「この路線は険しい山岳路線ではありますが、岐阜県内では飛騨川、宮川に沿っており、車窓より深い渓谷を流れる川の急流を眺めることができます。列車自体も乗り心地が良い。特に、先頭からの景観はお勧めです」

とは鉄道評論家・原口隆行さんの話。特に急な山肌や、断崖絶壁が迫り来る風景は圧巻の一言だ。沿線には下呂温泉や飛騨高山など、観光地が点在し、古くから中部地方の観光路線としての役割が強い。

列車の車輌で特徴的なのが、高山線が観光路線として復権することに一役買ったキハ85系「特急(ワイドビュー)ひだ」である。この列車、なんと岐阜駅で走行する方法が変わるのだ。名古屋~岐阜間は所要時間が20分に満たないものの、この間だけ列車が後ろ向きで運行するため、初めて乗車する方は少し注意が必要だ。

さてこの旅では、草津・有馬と並び、日本三名泉に数えられる下呂温泉を求めて高山本線で下呂駅を目指した。下呂温泉には、1265年(文永2年)に白鷺の導きにより、飛騨川の河原で泉脈が見つかった、という「白鷺伝説」が存在する。このため、駅や温泉寺など温泉街の各地に、白鷺を奉る碑や像を垣間見られる。

下呂温泉観光協会専務理事・中島由博さんに歴史や温泉に纏わる秘話を伺った。

「高山本線に下呂駅が開業して以来、下

キハ48系は高山本線の岐阜～高山間を中心に活躍する車輌である。

湯之島館

昭和6年創業。樹齢数百年の檜、杉がある庭園や、飛騨の業が生きる木造3階建て建築が旅館の歴史を物語る。室内には囲炉裏部屋も(右下)。露天風呂は山渓之湯、飛山之湯の2種類がある。料理は飛騨牛のしゃぶしゃぶなど、地元の特産物を使用した極上の懐石料理が持ち味。㊟岐阜県下呂市湯之島645　☎0576-25-3131

高山本線の旅プラン

1日目

08:43　名古屋発
　JR特急ワイドビューひだ1号(1490円)
09:00　岐阜着
09:17　岐阜発
　JR高山本線(1620円)
11:36　下呂着
　市内散策
17:00　旅館『湯乃島館』
　露天風呂入浴、宿泊

2日目

10:00　下呂温泉合掌村
　合掌村散策
13:00　下呂
　下呂温泉入浴
17:37　下呂発
　JR高山本線(1620円)
19:42　岐阜着
19:48　岐阜発
　JR特急ワイドビューひだ12号(1490円)
20:09　名古屋着

このキハ85系は1989年（平成元年）に通産省グッドデザイン商品に選定された。

高山本線の沿線には下呂温泉など見所が多く、観光路線としての役割も強い。

温泉街東部にある「下呂温泉合掌村」。重要文化財「旧大戸家住宅」を始め白川郷から移築した合掌造りの民家が見学できる。

下呂温泉は草津、有馬と並ぶ日本三名泉のひとつとして、江戸時代の儒学者・林羅山が著書で、泉質の良さを賞賛した。

河川に沿った路線のため、日本ラインや飛水峡など車窓からの見所は満載。

下呂温泉の共同湯

（1枚目）下呂大橋の近くにある露天風呂『噴泉池』は仕切りがなく開放的な気分を味わえる。（2枚目）家族風呂、水風呂など7種類の温泉を擁する『幸乃湯』。清潔感溢れる造りで、宿泊も可能。（3枚目）温泉街の中心にある『白鷺の湯』は、檜風呂が自慢。料金は1回300円で、無料の足湯もある。（4枚目）健康をテーマにした『クアガーデン露天風呂』。打たせ湯、箱蒸しなど6種類の温泉浴が堪能できる。

呂の町は発展を続けてきました。温泉街には気軽に入浴できるクアガーデン露天風呂、白鷺の湯、幸乃湯の3つの共同浴場があります。いずれの外湯も、初めての方でも、リラックスしながら入浴していただけます。まずは下呂市にお越し頂き、温泉に入浴してその泉質を体験してもらいたいですね。良い湯にゆっくり浸かって地元名産品の飛騨牛や新鮮な山菜などの料理を味わい、旅の疲れを癒して頂ければ幸いです。」

その言葉に肖《あやか》り、今回は下呂一番の老舗旅館『湯之島館』に宿泊。仲居頭・河合かよ子さんに話を聞いた。

「下呂の温泉は、通常よりもアルカリ濃度が高く、天然の石鹸効果がありますので、入浴すれば肌がツルツルになる効果が期待でき、副腎などの機能改善にも適しております。当館では市内を一望できる露天風呂や、下呂一の老舗旅館ならではの情緒ある空間をご堪能いただけます。」

日本でも指折りの良質な温泉と、舌の上でとろける飛騨牛を用いた料理は、一度は体験しておくのも良いかもしれない。

撮影／河合隆當、佐々倉実（鉄道写真どっとネット）　写真協力／東海旅客鉄道㈱、下呂市役所、下呂市観光協会

温泉は男女別の内風呂。湯船は熱めとぬるめに分かれている。お湯はさらっとしている。

浴場にある列車の出発までの時間を知らせてくれる信号。青、黄、赤（15分前）と変化。

ほっとゆだ

駅の温泉として有名。1990年に開設された。湯田温泉峡の入り口にあたる。源泉の温度は60.5度。PHは7.5。㊡第２水曜日。㊕250円
㋫7時～21時☎0197-82-2911

北上線

●北上→湯本温泉

東北本線と奥羽本線を結ぶ北上線は、約61キロの非電化路線。クライマックスの錦秋湖を走る。

美しい錦秋湖を過ぎると駅が温泉の秘湯に着く

ほっとゆだ駅で信号機を見ながら立ち寄り湯

東北新幹線から北上線に乗り換えて北上発13時48分の横手行普通列車に乗る。軽快気動車で二両編成のキハ１００形である。

長い仙人トンネルを抜けるとダム湖の錦秋湖が見えてくる。トンネルが多く、錦秋湖が見え隠れする。

その先で錦秋湖を渡る。井桁がない鉄橋なので眺めがすばらしい。そして、ほっとゆだ駅に到着した。

列車から降りるとなんの変哲もないローカル線の駅に見えるが、立派な駅舎が建っている。実はこの駅舎の中に立ち寄り湯の温泉があり、一度、入ってみたかったと思っていた。

駅舎を外から眺めると立ち寄り湯のほうが広く、駅の待合室や事務室は狭い。

浴槽が３つ。奥が「熱め」、真ん中が「ぬるめ」、そして浅い湯船がありなにも書いていない。ほっとゆだの方に聞くと「これは子供用で、大人のための寝湯でもあります」と。「熱め」に入ってみたが、ちょうどいい熱さだった。

ここには面白いものがある。鉄道用信号機で列車到着を示している。青は45分前から、黄色は30分前から、赤が15分前から点くようにしている。

大きなダム湖である錦秋湖から、ほっとゆだの間を走る列車。秋の紅葉は絶景。

ゆだ高原から黒沢の間の雪深い中を走る。黒沢は無人の駅。

(上)全列車が普通列車で、キハ100ディーゼル動車によるワンマン運転。夜間に1往復、貨物列車も走っている。(左)終着駅である横手は、かまくらで有名。毎年2月15日、16日は雪祭りがあり、かまくらのイベントがある。

この後、正岡子規も逗留した名湯、岩手湯本温泉にある対滝閣に投宿した。

「飛龍、彩雲、滝美の三つの湯があります。源泉は91度もあって飛龍と彩雲は三つのタンクを42度に下げて、一切加水はしていません。滝美は掛け流しです。シャワーも温泉です」

と若女将の大澤昌枝さん。

料理は山里ならではの山の幸を使用して、冬は鍋が中心。「温泉の湯を利用して養殖したスッポンの料理もまた格別ですよ」

翌日、再び北上線に乗って横手に向かう。横手は秋田藩の支城として栄えた町。

「二月一四日には『かまくら祭り』で賑わいます。雪国の子どもの行事ですが、本来は火祭りと水神様とが合わさったものです」と駅員さんが教えてくれた。

対滝閣

和賀川の清流沿いにある温泉地が岩手湯本温泉。正岡子規が投宿したことで知られる。対滝閣は客室35室。3つの内湯と露天風呂がある。

㊟岩手県和賀郡西和賀町湯本温泉

☎0197-84-2221

北上線の旅プラン

1日目

13:48 北上発
JR北上線横手行きに乗車

14:30 ほっとゆだ着
ほっとゆだ駅の温泉で立ち寄り湯
その後,湯田温泉峡の対滝閣に宿泊

2日目

11:16 ほっとゆだ発
JR北上線

11:49 横手着
(2月14日は横手のかまくら祭りがある)

文/川島令三　撮影/佐々倉実、真島満秀写真事務所

大川鉄橋では、列車から大川（阿賀川）と冬の山岳風景を望めることができる。（芦ノ牧温泉駅〜湯野上温泉駅間）

会津鉄道

露天風呂、渓谷や断崖の絶景…趣きある奥会津の旅を堪能する

●会津高原→湯野上温泉

かつての会津線は西若松駅〜芦ノ牧温泉駅まで。今日の全線開通までに、実に80年もの歳月を要した。

〝第3セクター鉄道〟にて、至高の温泉地『湯野上温泉』を目指す

会津鉄道は、1987年（昭和62年）7月に会津線西若松駅から、会津高原駅まで、約57㎞を走る私鉄として誕生した。

「野岩鉄道がなければ、会津鉄道は今頃、廃線となっていたでしょうね」

と語るのは、旅行作家で鉄道評論家でもある原口隆行さん。

「当時の国鉄会津線は赤字路線で、国鉄が民営化される直前に廃止される事になっていました。しかし野岩鉄道のお蔭で、

百万年の時を経て浸食と風化を繰り返し、完成した「塔のへつり」。冬場は間近まで行くことは危険だが、対岸より眺められる。

トロッコ列車の天井は、トンネルに入るとイルミネーションが点灯する。輝く星空を、室内にて鑑賞できる。

現在は会津若松駅〜会津田島駅を約16往復する。これは国鉄時の倍以上の便数である。

会津鉄道は川沿いの山岳路線。終着駅の会津高原駅と会津若松駅の標高差は500m以上だ。

深沢橋（芦ノ牧温泉南駅〜湯野上温泉駅間）では流れが穏やかな若郷湖の景観を楽しめる。

旅館「大川荘」の露天風呂は1日4組まで貸切できる。㊟福島県会津若松市大戸町大字芦ノ牧字下平984　☎0242-92-3111

源泉100％かけ流しで、渓谷の絶景も楽しめる旅館「新湯」の露天風呂。㊟福島県会津若松市大戸町芦ノ牧516　☎0242-92-2301

終着駅の会津高原駅と、東武鬼怒川線の新藤原駅がつながった。こうして会津鉄道は、第三セクター鉄道として、今日まで生き延びることが出来ているのです」

会津鉄道はこの接続により、単に生活路線というだけでなく、東京からも短時間で行くことができる観光路線へと大きく変貌を遂げた。そしてこの動きに合わせて、沿線の観光開発も進められた。塔のへつり駅などといった、観光地の駅が新設されたことがその主な例である。さらに、1990年（平成2年）10月に会津田島駅〜会津高原駅間の電化も完成、「AIZUマウントエクスプレス」などの魅力的な列車が走る事となったのである。

そんな歴史を持つ会津鉄道に乗車し、まずは『奇岩の景勝地』を求めて塔のへつり駅を目指す。『塔のへつり』とは阿賀川沿いの断崖のこと。冬場は間近では

創業は昭和2年の老舗『牛乳屋食堂』。鶏ガラや煮干などをベースにしたあっさりめの会津ラーメンが好評。その他、特製の餃子や、ソースカツ丼が人気を呼んでいる。セットメニューが豊富なことも特徴のひとつ。㊟福島県会津若松市大戸町上三寄香塩343　☎0242-92-2512

会津街道一を誇った宿場「大内宿」は湯野上温泉駅より車で15分。江戸時代の名残がある。

湯野上温泉駅では昔さながらの茅葺き農家を再現。待ち時間は囲炉裏端でくつろげる。

民宿温泉

湯野上温泉では『入湯手形』(税込千円)を購入すると、「ゆめぐり物語」に加盟する民宿で温泉巡りが楽しめる。問ゆめぐり事務局 民宿みやもと屋 ☎0241-68-2157

会津鉄道の旅プラン

1日目
08:00 浅草発
東武特急きぬ103号(2800円)
09:57 鬼怒川温泉着
10:01 鬼怒川温泉発
東武AIZUマウントエクスプレス号(2360円)
10:45 会津高原着
11:22 会津高原発
会津鉄道(1120円)
12:13 塔のへつり着(見学)
13:52 塔のへつり発
会津鉄道(260円)
13:57 湯野上温泉着
大内宿を散策した後、
旅館『藤龍館』に宿泊
2日目
12:19 湯野上温泉発
会津鉄道(500円)
12:32 芦ノ牧温泉着
牛乳屋食堂にて昼食、
旅館立寄り湯に入浴
16:57 芦ノ牧温泉発
会津鉄道快速AIZUマウントエクスプレス(580円)
17:25 会津若松着
18:02 会津若松発
JR磐越西線(1110円)
19:14 郡山着
19:33 郡山発
JR新幹線Maxやまびこ128号(7770円)
20:56 東京着

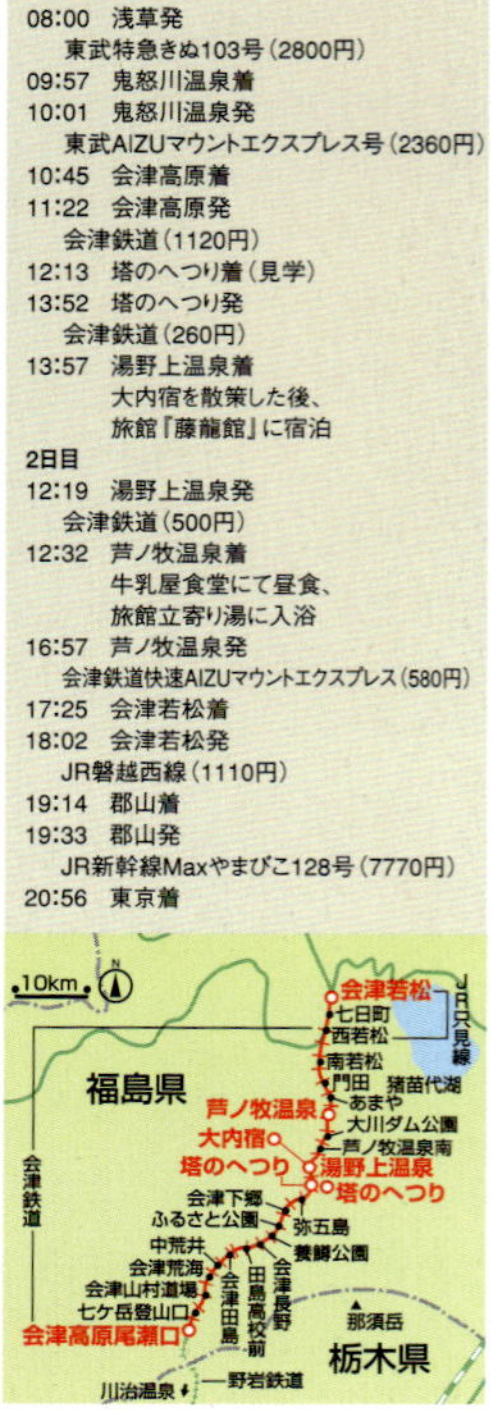

藤龍館

大川の渓谷沿いに立ち、湯量豊富な天然温泉が全客室にある旅館「藤龍館」。ここでの夕食は、地元産の旬な素材を活かした会津風懐石料理を楽しめる。㊟福島県南会津郡下郷町湯野上温泉 ☎0241-68-2888

見られないものの、対岸から景観を眺めることが出来る。その奇観には圧倒されること請け合いである。

会津鉄道沿線では、温泉郷が数多く存在する。その中でも特に情緒溢れる景観が楽しめるのが湯野上温泉だ。駅には囲炉裏で沸かしたお茶や、昔ながらの農家を連想させる造りがあり、観光地の開けた雰囲気ではなく「古き良き」日本の姿がここにはある。駅から少し脚を伸ばせば、江戸時代に会津の繁栄を支えた会津西街道一の宿場町「大内宿」が見学できる。その、昔さながらの茅葺き寄せ棟造りの街並みは圧巻。そして、駅から歩いてすぐの旅館「藤龍館」に宿泊。女将の星明美さんが迎えてくれた。

「当館では目の前に広がる大川の雪景色を眺めながら、露天風呂への入浴を楽しめます。当館ではアルカリ性単純温泉のため、美肌効果も期待できます。また内風呂の女湯にも露天風呂が付き、落ち着いて入浴したい方にはお勧めです」

藤龍館で旅の疲れを癒した後、芦ノ牧温泉駅を目指した。立寄り温泉の湯を満喫しつつ、地元で美味しいと評判の『牛乳屋食堂』ラーメンを食す。この店、醤油味の極太麺が特徴的なラーメンは勿論、餃子やソースカツ丼も美味。

良質の温泉にゆっくり浸かり、地元の料理を心行くまで満喫して、心身ともに癒される。会津鉄道の沿線では、「古き良き日本」を充分に堪能できる。

撮影/佐々倉実(鉄道写真どっとネット) 写真協力/会津鉄道㈱、ホテル洗心亭、大川荘、新湯、DESIGN HOUSE、㈱リバティー、民宿みやもと屋、藤龍館

島原鉄道

2008年4月に一部廃線となる列車に乗って雲仙温泉の地獄湯へ

●諫早発→雲仙温泉

加津佐を出て、海岸沿いを走る上り列車。一帯には白浜、前浜、野田浜の海水浴場が続く。

島原外港《がいこう》から加津佐《かづさ》までの廃線区間を目に焼きつけた

諫早《いさはや》から終点加津佐まで78・5キロ。島原半島をぐるり半周する島鉄こと島原鉄道は、雲仙普賢岳の噴火災害によって一部不通になった際も4年後に甦った不屈の私鉄である。しかし、乗客の減少に歯止めがかからず、やむなく島原外港～加津佐間(35・3㎞)が平成20年4月1日をもって廃線となる。となればやはり乗り納めたい。同時に長崎を代表する温泉地・雲仙も愉しみたい。

「今後は急行の本数も増やし、輸送体制の充実を図りたい」と、力を込める島原鉄道営業部の松本健次さんに、無くなる路線の魅力について尋ねた。

「やはり自然の風景ですね。普賢岳や平成新山に始まり、風光明媚な山と海の間を走りますから。加津佐に近づくにつれ海の透明度も違ってきます」

中核駅島原から2つ目の南島原が車両基地だが、諫早から同駅までを「北線」、

廃線が決定してから、土・日曜の運行便は名残を惜しむ鉄道ファンでしばしば満員となる。

キハ2500形の車体に描かれた「島原の子守唄」のイラスト。いわば島鉄のシンボルだ。

この記事は平成20年のものです。この区間は現在運行されていません。

北有馬の委託駅長、佐藤さん。平成3年に島鉄を定年退職した。下／鉄道・バス・フェリーが1日乗り放題の「遊湯券」3000円は、島原・雲仙・小浜温泉の一つに入浴できる。

島鉄の象徴的風景でもある南島原駅近くの船溜まり。干潮時には干上がってしまう。

終点加津佐は、平成17年に無人駅となった。開業は昭和3年のことだった。

ワンマン運転が基本。離合待ち合わせの際、運転士と会話に花を咲かせるのも楽しい。

北有馬駅で販売していた、今では珍しくなった硬券切符。各有人駅で手に入る。

島原城の大手門を模した威風堂々の島原駅。駅舎前には、島原の子守唄の像が建つ。

加津佐までを「南線」ともいう。

列車の半分近くが南島原止まりとなるだけに、なおさら南線にはのんびり感が漂う。全線朝夕を除いて大体1両編成だが、南線ともなると鉄輪の音もさらに軽やかに響きがち（？）。まばらな乗客は昼間だけに年齢層も高かった。

「無くなればいちばん不便になるのは車を持たんお年寄りですよ。どがんかしてと言われるんですが」

とは、北有馬駅長の佐藤潔さん。島原外港以降有人駅は3つあり、いずれも委託職員だが、佐藤さんは唯一の生え抜き。それだけに思いも複雑だ。

「乗降客に怪我のないよう、最期まで安全第一で駅を守っていきたかです」

さて、「南線」沿いの名所といえば原城址だろう。島原の乱で天草四郎らが立て籠もった城跡にて思いを巡らすもよし。興奮したい向きには、口之津のイルカウォッチングだ。当該海域には観光漁船が集結し、「いた！いた！」「あっち！あっち！」と船上は大騒ぎとなる。

終点加津佐に着く頃には、左手に白浜の海水浴場が広がる。季節柄泳ぐわけにもいかず景勝を眺めるしかないが、温泉ならむろん通年体感できる。島原半島のほぼ中央にある標高700メートル超の雲仙温泉へのぼった。

宿は、地獄に隣接する「九州ホテル」に。広々とした洒脱なレストランから一望できる地獄は、30余の噴気孔から湯煙が立ち上ぼる雲仙観光のメッカである。

温泉街は古湯、新湯、小地獄の3地区にわかれ、共同湯が1軒ずつある。翌朝、「新湯共同温泉」と「小地獄温泉館」をはしごした。鄙びた温泉が好みなら前者、温泉の醍醐味を味わうなら後者である。

「たっぷりのお湯だけが自慢。おかげで遠いとこからも寄ってくださるの」

とは、小地獄の番台・真知子さん。世俗の垢も落とせた。ふたたび列車の客となり、帰路へ。「北線」の沿線には人家が密集しているが、海すれすれの駅が2か所ほどあり、興奮させる。それでも慎ましく走るのみの一両列車。その姿には、もう愛しささえ感じていた。

口之津港から向かったイルカウォッチング。料金2500円。この辺り早崎瀬戸には、数百頭の野生のバンドウイルカが生息しているとか。

九州ホテル

昨年リニューアルをした大正6年創業の老舗。創業時のダイニングを再現した「百年ダイニング」ではメイン料理をその場で選ぶことができる。左上／雲仙でも有数の規模を誇る男性用露天風呂。左中・下／半露天風呂が付いたプレミアムルーム。眼前に地獄が広がる。
1泊2食18000円〜　長崎県雲仙市小浜町雲仙320
☎0957-73-3234

温泉街の中心地にある、硫黄のにおいが立ち込める雲仙地獄。江戸初期にはキリシタン弾圧の舞台ともなった。

雲仙旅プラン

1日目
11:17　諫早　発
島原鉄道加津佐行き
13:27　口之津　着
イルカウォッチングを楽しむ
15:22　口之津　発
15:28　加津佐着
島原鉄道の終着駅周辺を散策
15:48　加津佐発
17:06　島原着
17:10　島原鉄道バスに乗って雲仙へ
17:59　雲仙着
九州ホテルに宿泊

2日目　チェックアウト後、雲仙と
小地獄の共同浴場に浸かる
島原鉄道バスにて、島原へ。
14:11　島原発
島原鉄道
15:22　諫早着

温泉街の中心地、新湯地区の「新湯共同浴場」。単純明快な湯船がひとつ。湯は背後の地獄から直接引く。民家風の浴場建物は建て替えて40年。以前は藁葺きの屋根だった。㊟所長崎県雲仙市小浜町雲仙320　☎0957-73-3545　㊫9:00〜23:00 休水曜　㊕100円

中心街から外れた小地獄地区の「小地獄温泉館」。近年建て替ったロゴハウス風の建物は休憩室もあり、観光客を意識した造り。裏に自前の地獄を持つだけに湯量は豊富。㊟長崎県雲仙市小浜町雲仙500-1　☎0957-73-2351　㊫9:00〜21:00 休無　㊕400円。

島原湾に面した大三東（おおみさき）。ホームがいわば堤防代わりといってもいい駅である。（写真／宮崎敬）

　文・撮影／小泉英司

"温泉天国"大分の7つの名湯を列車で横断！

田中健が久大本線で行く 絶景露天風呂巡り

九州北部を横断する久大本線（久留米～大分）。その沿線沿いには九州でも有数の温泉地が連なる。今回、歳を重ねるごとに温泉好きになってきたという俳優の田中健さんが愛用の「ケーナ」を携え、湯煙をめざす。

田中健　たなか・けん

1951年福岡県生まれ。72年歌手デビューの後、俳優の道へ。映画、ドラマ、舞台で活躍する一方、ペルーの民族楽器ケーナの奏者として音楽活動も行う。すでに5枚のアルバムをリリースしている。

リゾート特急「ゆふいんの森」で めざすは天ヶ瀬温泉の露天風呂

博多〜由布院間を優雅に走る「ゆふいんの森」号（一部別府まで）。グリーンの車体が目に染みる、九州で一番人気の観光列車である。

湯布院の山の幸をふんだんに使った「ゆふいんの森弁当」（1200円）を、筑紫平野のゆったりとした眺めとともにいただく。

「ゆふいんの森」号の先頭車両は、運転席越しにご覧のような眺望が楽しめる。よって一番前の座席は、一番人気である。

1日目①

博多	10時16分発
↓	ゆふいんの森3号
天ヶ瀬	11時45分着
↓	徒歩2分
天ヶ瀬温泉「せせらぎの湯」	

天ヶ瀬に降り立って記念写真。駅舎が小綺麗なので、「駅ですよね」と田中さん。「駅で癒されるとそこの温泉もよく見えてきます」

「目線が良くないですか？」

田中健さんが悠々たる風景に嬉嬉となる。博多発の特急「ゆふいんの森」号は、すでに久大本線へと入り、筑紫平野をひた走っていた。

確かに！　ハイデッカー（高床式）の同号は、高みの見物気分が味わえる。「平野に入ると三分の二が空。実に気持ちのいい視線で眺められますよねえ。しかも景色に溶け込んでゆく感じ」

ご満悦のなか、列車は最初の下車駅、天ヶ瀬《あまがせ》（大分県）に到着した。

「山あり川ありの自然の風景のなか、川のせせらぎを聞きながら見ながら温泉に入れます。いちばんの魅力ですね」と、観光協会（駅内）の梶原さんも胸を張る天ヶ瀬温泉は、玖珠《くす》川沿いに7つもの露天風呂が点在する。田中さん、さっそくその一つにざんぶんこッ。「知ってます？　水の音って、ものすご

約1300年もの歴史を誇り、豊後三大温泉の一つに数えられる天ヶ瀬温泉。玖珠川を挟んで旅館やホテルが立ち並んでいる。

天ヶ瀬温泉

川岸の露天はいずれも天ヶ瀬駅から徒歩圏内。自治会管理の湯　㊖9時〜22時半、無休　㊮100円。温泉宿管理の湯　㊖9時〜21時　不定休　㊮300〜500円。泉質は単純硫黄泉。あまがせ町観光案内所　☎0973-57-2166

天ヶ瀬駅から一番近い川沿いの露天「駅前温泉」。自治会が管理し、料金は掃除代として100円。自治会管理は5湯。温泉宿管理が2湯。

高台にある「新紫陽」の露天風呂。久大本線を望むことができる。㊮800円、11時半〜16時、無休、☎0973-57-3178

自然のままの壁湯は母のごとく旅人を迎える

普通の食材を使った気取らない田舎料理だけにかえって滋味深く、心に届く。田中さんのこの笑顔を見ればわかります。ほんと旨そッ。

自信作のご飯をはじめ、豊後牛、馬刺し、山菜の天ぷら、刺身こんにゃくなどが並んだ「福元屋」の夕食。近辺で採れた食材ばかり。

黒光りした柱や床は古民家風だが、全面改築したのが5年前。モダンなイメージも各所で散見される「福元屋」。8部屋からなる。

壁湯温泉福元屋

大分県玖珠郡九重町町田62—1　☎0973-78-8754　9時～21時　無休　㊕300円　泉質:単純泉　1泊2食1万1700円～。豊後森駅からバスで約30分、「壁湯温泉」下車、徒歩1分。

1日目②

天ヶ瀬　14時26分発
↓
豊後森　14時44分着
徒歩2分の機関庫、見物
16時10分発のバスで
↓
壁湯温泉　16時33分着

くリズムがあるんですよ」

と、旅には必携のアンデスの民族楽器ケーナを勇んで吹き始めた。

「川が生きてますよねえ天ヶ瀬は。それとセッションしてるわけですから。いい感じで吹けますよ」

しょっぱなの露天から早くも忘我の境地（?）の田中さんだったが、今回、念願の旅だったから当然なのかも。

「自分を見直す年齢に差しかかったからか、最近はよく温泉に行きます。昔は男っぽい秘湯が好きでしたが、最近は温泉宿の部屋付きの露天ですかね。心行くまで耽っていられますから」

次は各駅停車で。久留米～日田《ひた》は平野を走るが、日田～由布院は山肌が迫る久大本線。分け入るような列車の走りに、じっと見入る田中さんだった。

豊後森《ぶんごもり》で降り、バスで壁湯《かべゆ》温泉へ。川縁の洞窟風呂は、自然の半洞窟が温泉になったもの。飲用もでき、ぬるめの湯が長湯を誘う。「お袋の腹ン中にいるような気もするとです」とは、隣町から通う初老の日隈さん。大きくうなずく田中さんも顎まで浸かって、羊水のごとき湯を堪能していた。

この日の宿は壁湯を管理する「福元《ふくもと》屋《や》」。岐部榮作・貴美代さんの若夫婦が切り盛りするが、貴美代さん手作りの夕食に田中さんは満面の笑み。なかでも自家栽培米を温泉水に漬け込み炊き上げたご飯には、「旨いッ」を連発。

岐部さん夫妻は嬉しそうだった。

「うちの温泉はぬるめですので、世間を眺めるような感じでゆっくり入っていただけたらなあと思ってます」

うなずくことしきりの田中さん。福岡県筑後市の出身で今もたびたび帰省するというから、このあたりは馴染みかと思えば、初めてだとか。

「東京の周りのみんなが九州はいいよねえとしきりに言うんですけど、どこがいいのかそのよさがねえ……ハハハ」

と、旅の始めに〝灯台下暗し〟ぶりを披瀝し、頭をかいていたが、すでに目の色が変わってきていた。

国道387号線から川へ下っていった場所にある壁湯温泉「福元屋」。川のせせらぎが心地いい。「日本秘湯を守る会」会員の宿。

豊後森駅そばに残る扇形機関庫。久大本線と宮原線（廃線）で活躍した機関車の車庫だった。有志の手による署名活動で保存が決定。

野趣たっぷりの「壁湯温泉」。壁湯の由来は岩の間から湧き出ることから。透き通った湯は飲用できるため、汲んで帰る人も多い。

雄大な由布岳と柔き湯を友とし
素朴な音色を奏でる旅人ひとり

翌朝、散歩がてらに同じ国道387号線沿いの宝泉寺《ほうせんじ》、生竜《いきりゅう》、川底《かわぞこ》の温泉を歩いてめぐる。

この一帯を含め九重地区は九重《ここのえ》九湯と呼ばれ、九州でも屈指の温泉地帯である。どっちを向いても温泉ばかりだから、〝我〟も必要だろう。例えば生竜温泉は宝泉寺温泉郷の一湯だが、生竜地区にあることでそう名乗っている。

とはいえ、

「熱いかぬるいかくらいで、(泉質は)大差ないですよ」

と、生竜温泉の旅館「やひろ」の女将・中原ハスエさんは呑気におっしゃる。それでも、同宿は威風堂々の萱葺きの合掌造りの別館と青いドームの洋館の風呂が川沿いに居並び、大差ないどころかひときわ目を引くのである。

さらに足を延ばし、川底温泉「螢川《けいせん》荘《そう》」へ。湯船の底に敷かれた河原の石の間から湯が湧き出す川底温泉は、

「なめらかで、浴後も顔が突っ張らないし、ありがたかお湯です。私も毎朝入ってます」

とのことで、女将の吉光シマ子さんがウン十代とは思えぬ肌をこすって見せた。

2日目③	
壁湯温泉	7時30分発
↓	徒歩10分
宝泉寺温泉	7時45分
↓	
生竜温泉	8時
↓	徒歩20分
川底温泉	8時30分着
↓	9時12分発のバスで
豊後森	9時43分着
↓	10時38分発(土休のみ運転)
由布院	11時07分着

(上) 生竜温泉の「やひろ」は、摘み草料理が看板でもある。立ち寄り湯は10時～16時、アルカリ単純泉、料金500円。☎0973-78-8427
(下) 玖珠川の支流、町田川沿いの「宝泉寺温泉」をそぞろ歩く。初夏には蛍も。こじんまりとした佇いが都会からの旅行者をほっとさせる。

宝泉寺温泉

壁湯、川底とともに宝泉寺温泉郷の一角なす。ホテル・旅館14軒。立ち寄り湯：大体11時～15時　無休　㊊500円程度　泉質：単純泉。豊後森駅からバスで約30分、「宝泉寺」下車、歩3分　九重ふるさと館観光案内所　☎0973-73-5510

一方田中さんは感極まっていた。

「本物の温泉ばっかじゃないですかこの辺は！　飾っていないのがいいですよね。お節介焼くわけじゃなし。今どこもお節介ばっかし焼くでしょ」

さらに、

「天ヶ瀬から始まってどの温泉も川のそばでしょ。水に緑。いいよなあ日本は、湿気が多いから。程よくいい感じで水分があるでしょ。アンデスなんかどこに行っても乾いてる」

いきなり「日本」で、さらに「アンデス」に飛んで戸惑ったが、言わんとするところはわかる。これから向かう由布院と別府という九州温泉界の大御所を残しながら、早くも結論に達したのである。

「九州の温泉っていいよなあ～ッ」

豊後森までバスで戻って、各駅停車に乗った。ゆっくらのんびりと進む鄙の列車。まずは湧出量全国第2位にして、リゾートとしても人気の由布院(「湯布院」とも表記)へ。

常に「行ってみたい温泉地」の上位に挙がる同町は、〝生活観光地〟ともいわれる。

「温泉街がなく、旅館と民家が混在した町です。温泉もその一部ですから、私たちが大切にしている自然景観とともに楽しんでいただけたら」と同町観

(左) 町田川沿いの「川底温泉」。川と同じ高さにつくられた風呂は、河原の石を敷き詰めた底からこんこんと湯が湧きだす。
(左下)「川底温泉」は3つの湯船からなる。高さが一番高い湯船から順に熱め、適温、ぬるめの湯となって、効能もそれぞれ違ってくる。混浴。

川底温泉

大分県玖珠郡九重町川底温泉
㊋8時～21時、無休
㊊500円　泉質：単純泉。昔から皇族や文人らに愛され、作家の壇一雄も訪れたことが。豊後森駅よりバスで40分、「川底温泉」下車すぐ。

豊後富士と称される由布岳をバックに走る各駅列車（由布院～南由布）。由布院は盆地なので、朝霧に煙る風景も見応え十分。

源泉掛け流しの「彩岳館」の露天風呂。背後が由布岳。ケーナの音色もますます深みを増す。日替わりで男湯、女湯が入れ替わる。

光課の担当者。

そう聞けば、この町の景観シンボル・由布岳（1584メートル）を仰ぎつつ浴したくなる。町外れの温泉宿「彩《さい》岳館《がくかん》」には、その欲望につつがなく応えてくれる露天風呂があった。

入湯者がいないのをこれ幸いに、田中さんはさっそくケーナを吹き始めた。「きれいな場所」で「誰もいない」ことが心地好く吹くための必須条件なのである。

「こんな素晴しい景色の中で吹くのが一番楽しいんですよ。東京では練習はできますけど、気持ちよく吹ける場所がないですもんね。だから自然の中へ行くときのため準備をしているわけです。一番きれいな音を出すための訓練をね」

さて、同館内の風呂はすべて41～42度に設定されている。その温度を保持するため30分ごとにチェックしているというから恐れ入る。

「それが」と副社長の渕上眞幸さんが力を込める。

「熱いとかぬるいとかお客様からクレームが出ない温度だと私たちは考えています。つまりは、温泉を快適に楽しめる温度なんです」

平成11年の開業の若い宿ながら切磋琢磨している姿は、いただいた昼食からもうかがい知れた。

芯となるご飯で見てみよう。

由布院の宿の食材は、すべからく地産地消を心掛けていることで知られるが、同館では地元の農家から減農薬米をもみ殻ごと仕入れ、鮮度を保つため1週間に一度の割合で精米する。朝、昼、夕の食事ではそれぞれ小さい釜で3回に分けて炊く。炊き立てのご飯を提供するためにである。

こだわりはむろん笑顔を呼ぶ。田中さんはまたまた満開状態になっていたのである。

「彩岳館」での昼食、「豊の軍鶏（しゃも）御膳」2100円。軍鶏のたたき・鉄板焼き・スープなど食材にこだわった料理が並ぶ。

敷地内に泉質の違う源泉を２か所持つ「彩岳館」。内湯大浴場と露天風呂に入れ分けているので、２種類の温泉が楽しめる。

由布院温泉 柚富の郷 彩岳館

大分県由布市湯布院町川上2378-1　☎0977-44-5000　立ち寄り湯：10時～16時　年末年始休　㊖600円　泉質：炭酸水素塩泉・単純泉。2100円以上の食事をすると入浴無料。由布院駅よりタクシーで約5分。

九州の温泉のメッカ別府にて遊ぶ その底力と魅力は体感あるのみ

2日目②

由布院　12時40分発
↓
大分　13時43分着
　　　14時04分発
↓
別府　14時16分着
↓　　タクシーで20分
別府温泉保養ランド
↓　　タクシーで20分
別府　16時52分発
↓　　ソニック44号
博多　18時44分着

別府温泉は別府八湯と呼ばれ、8つの温泉郷からなる。その一つの鉄輪（かんなわ）温泉はもっとも温泉情緒を残しているといわれる。

別府温泉保養ランド

大分県別府市明礬紺屋地獄　☎0977-66-2221　㊢9時～22時（月のみ～20時）、無休　㊕1050円　泉質：酸性明緑礬泉、硫黄泉。屋外の鉱泥湯はいずれも混浴。他にむし湯や滝湯等。別府駅西口からバスで30分、「紺屋地獄前」下車すぐ。

屋外の鉱泥大浴場。新陳代謝を高め、保温効果も高い泥湯は、比重、浮力とも大きいので浮遊しているような感覚が楽しめる。

硫黄を多量に含む内湯のコロイド湯は、「女性にとっては化粧水がいらないくらい肌にすごくいいです」と首藤さん。

適度な噴気、腐食粘土層、ミネラル水の三位一体でできあがった上質の鉱泥の面白みは、屋外の小さい湯船のほうがより実感できる。

名残惜しそうに由布岳を見上げる田中さん。由布院駅のホームの端にある足湯で心を暖めなおすと、いざ日本最大の湧出量を誇る別府へ。

市中に8つもの温泉郷がひしめき別府八湯《はっとう》と呼ばれる別府温泉は、地球上に11種類ある泉質のうち10種を打ち揃えた日本温泉界の〝会頭〟である。

田中さんも中学の修学旅行でお目通りしたみたいだが、

「ガキですから、温泉も単なる風呂でしかない。記憶にはそう残ってないですね」

とか。

今回向かったのは、山手にある明礬《みょうばん》温泉の別府温泉保養ランドである。各種の温泉風呂が待ち構えていたが、目玉は世界でも指折りの上質さをもつ鉱泥湯。とりわけ底なし沼のような露天は圧巻で、大小2つの湯船があるが、まずは「大」に勢いよくざんぶんこッ、とはいかなかった。

なにせ灰色で底が見えない。足元を確かめながらそろりそろり足を差し込む。底に溜まった粘土層の泥がぬかるみ、足指の間からにゅるにゅると逃げていく。この感触がたまらない。

「魔界に迷い込んだよう！」「こりゃ戦う温泉だあ～ッ」

と、雄叫び一歩手前の田中さん。「何」と戦っていたのだろう、ひたすら少年のように体に泥を塗りまくっていたのだが……。

「特別に楽しいですよ」と、主人の首藤加代さんが推すのが「小」のほうである。「大」に輪を掛けにゅるにゅるだが、一方でふわふわ。まるで舞い降りた雲だった。

別府駅より特急「ソニック」に乗り込む。博多〜別府・大分間は、小倉経由の日豊本線のほうが早くて、便利。

豊後水道の急流で身の締まったサバを使った「豊後さば寿司」1300円。秘伝の寿司酢と昆布の旨味で独特の味わいに。大分駅にて購入。

日豊本線を走る特急「ソニック」。濃紺の元祖883系に対し、この885系は「白いソニック」と呼ばれる。小倉でスイッチバックする。

泥湯に入れば誰もが童心に帰るのか、嬉しそうに泥を塗り始める。田中さんも例外ではなかった。実際気持ちよくて塗らずにはいられない。

浴後も体に硫黄のにおいがまとわりついていた。

「2、3日は取れませんが、ソレが体にはいいんです。お土産に持って帰ってください」

と、首藤さんが笑う。

別府駅に戻って特急「ソニック」で帰途に就く。小倉回りで博多へ。九州北東部を一周したことになる。

車中の田中さんはというと、ほのぼのとした顔で、すでに懐古モードに入っていた。

「九州は近いゆえに知らなかったけど、こんないいところがあったんでびっくりでした。温泉の王道ですよねホントに。それに、みんなで守っているという感じがありましたね九州の温泉は。どこに入っても楽しくて、初めてなのに懐かしかった」

「地方の景色を見ているとメロディを感じるんです。東京ではそんなことないのに。自然が、地域が持っているメロディがあるんでしょうね。僕はそれを聴きたい。自分で音にしたい。だから旅に出る。今回すごく良かったのは例えば空。車だと狭いけど、列車の窓からだと広い。僕の原風景は、中学の頃、蒸気機関車のデッキから仰いだ空なんです。やたらと大きかった。当時を思い出しましたよ。いいなあ列車の旅は。今回改めて思いました」

そうして、また言った。

「やっぱりいいですよぉ」

箇条書きにしたいほどだったろう。そんな感じの健さんの笑顔だった。

取材・文／小泉英司　撮影／大沢つよし　写真／真島満秀写真事務所、レイルマンフォトオフィス

旅行作家・野口冬人さんがすすめるこの冬、絶対行きたい鉄道の旅

陸羽東線 奥の細道ゆけむりラインで 雪見の露天風呂を巡る

小牛田と新庄を結ぶ陸羽東線。
かつて松尾芭蕉がたどった道に沿って
数多くの温泉が素朴な湯煙りを上げている。

雪のローカル線にゆられ まず川渡温泉の共同浴場へ

1月13日から2月25日までの土曜・休日には、仙台駅発9時33分〔湯けむりこがね号〕が、鳴子《なるこ》温泉駅まで直通運転されるからそれに乗ることにする。東京駅を東北新幹線〔やまびこ203号、6時44分発〕に乗ると、仙台駅着9時13分でうまく連絡する。

小牛田《こごた》駅で東北本線に分かれて、陸羽東線に入ると、雪化粧されたローカル線の風景が車窓に展開する。

「この雪の中を何処さ行くんだね」

ほっかむりした土地の人らしい初老

"脚気川渡"と呼ばれた川渡温泉は、開湯1000年の歴史を伝えるという湯治場である。

川渡温泉共同浴場

川渡大橋を渡り、旧国道沿いの道を温泉街へ入った左手路地に、白壁に木の柱がきれいに並ぶ浴舎。「含硫黄—ナトリウム—炭酸水素塩泉」の湯が湯船にあふれる。入浴料200円

の男が声を掛けた。

「温泉へ行くんですよ。鳴子温泉郷から、山形の温泉までね。ローカル線を楽しみながら温泉の入り歩きというわけね」

「それは楽しみだね。温泉にあったまれば、寒さも感じないやね」

土地の人の話は、ときどき訛《なまり》があって聞き取りにくいこともあるが、珍しい話も聞けたりして、時間の経つのが早い。寒風に舞い上がる雪煙りを車窓から眺めたりしているうち、伊達家にゆかりの城下町岩出山《いわでやま》を過ぎて、11時02分川渡《かわたび》温泉駅着。湯治場の雰囲気の強い温泉街の雪道を歩いて、まず共同浴場へ向かう。

川渡温泉は1000年以上の歴史を刻むという古い温泉地だ。鳴子温泉郷の玄関口に位置していて、江戸時代、伊達藩がこの辺りを治めていたころからの伝統を持つという藤島旅館や、明治時代からの湯治宿という高久旅館などがあり、切り傷、やけど、神経痛、リウマチなどに大きな効果を上げる。

野口冬人（のぐちふゆと）

昭和8年（1933）東京生まれ。旅行作家の会代表。山と鉄道と温泉を愛して40余年、ほぼ全国を辿った。著書に『古書に見る温泉』『旅に住む日々』『ローカル私鉄の旅』など多数

共同浴場の「川渡温泉共同浴場」の湯は淡く緑がかった色をみせる。単純硫化水素泉、源泉で52～60度。

「大きな手術の後なんかの保養回復にはよく効くよ。私は胃ガンで全部切ってしまったが、退院したあとずっと川渡にいるんだけど、ぐんぐん治るような気がするよ。川渡はいい湯だよ」

近くの宿に泊まっていて、宿の風呂だけでは飽きるので、共同浴場へときどき入りにくるんだという湯治客の話など、川渡のよさを湯船でゆっくり聞く。まさにローカルムード満点だ。

氏家鯉店

鳴子を古くから知る「人々」が代々支え続けて来た地域の食物「鳴子・鯉料理」。その伝統を受け継ぐ老舗。鯉はたんぱく質を多く含み、コラーゲンもたっぷりの健康食としても知られている。こちらの店では販売のみ。（通販も可）㊟宮城県大崎市鳴子温泉字鷲ノ巣96-1 ☎0229・83・2538

鯉のあらい／氷をつかう「あらい」がよく知られているが、こちらでは45℃の温水を使い、料理人に熟練された技術で徐々に冷やしながら最後に流水で冷やすと言う伝統の技で作られる。500円～

山荘にある露天風呂。母里（もり）の湯と名付けられ、雪見の入浴がなんとも幻想的だ。

旅館大沼

明治のはじめ頃から続くという湯治向きの宿。ナトリウム—炭酸水素塩泉の自家源泉と組合共同のナトリウム—炭酸水素塩・塩化物・硫酸塩泉の2つの源泉を使用。㊟宮城県大崎市鳴子温泉字赤湯34 ☎0229・83・3052。8800円～

陸羽東泉の鉄路をはさんだ裏山に建つ旅館大沼のプライベート山荘。小グループの宴会や会合などに使われる。

本館1階の大浴場は、男女混浴風呂。天女の裸像画が壁に描かれている。そのほかいろいろな浴場があるのも特色

湯治宿の一夜を送った翌日は話題の早稲田桟敷湯へ

川渡温泉駅の次が鳴子御殿湯駅。陸羽東線のひと駅5分ほどだ。高架の上にあるような鳴子御殿湯駅から国道へ出て街中を数分歩くと今日の宿の「旅館大沼」が左手にある。バイパスができているので温泉街は静かである。

東鳴子温泉は古くは赤湯と呼ばれ、伊達藩の御殿湯が設けられていたという歴史のある温泉である。陸羽東線の鳴子温泉郷では、各駅の名称を川渡温泉駅、鳴子温泉駅、中山平温泉駅と改称した際に、東鳴子だけは、かつての御殿湯の名称にこだわり、地元の要望によって、「鳴子御殿湯駅」と名付けられた。

「つまり町興しの一環として、御殿湯の復活が大きな目標になっています。まだ具体化には時間がかかりそうですが、少しずつ前進したい希望です」

その中心役を努めているのが「旅館大沼」の五代目湯守・大沼伸治さん。

「なんといっても町の活性化が必要です。宿と商店が一体となって取り組んでいます」

大通りに面した宿は、鉄筋4階と木造2階建て。木造の方が昔からの落ち着いた和室、鉄筋の方は湯治館として滞在湯治客の利用が多い。

名物の大浴場仙人風呂は、脱衣場は男女別にあるが、中は一緒の混浴風呂だ。壁には日本画家・高橋典子の描く天女の姿がほほえましい。

小牛田行きと新庄行きディーゼルカーが頭を並べた鳴子温泉駅。湯けむりラインの中心だ。

滝の湯

背後の温泉神社の下からもうもうたる源泉が湧き、それを浴舎にそそぎ込んでいる。湯量豊富な鳴子温泉の共同浴場として、長い歴史を刻む。湯は美顔美肌にいいスグレモノだ

屋根の上に望楼を思わせる湯気出しの付いた滝の湯の浴舎。入浴料150円

中はすべてヒノキ造りの浴場。湯滝が落ち、硫黄分の濃い湯が掛け流しになっている

陸羽東線奥の細道ゆけむりラインで雪見の露天風呂を巡る

裏山のプライベート公園には、貸し切り露天風呂「母里《もり》の湯」があって、宿泊客の希望者は宿の車で送り迎えしてくれる。

ゆっくり泊まった翌朝は午前中の列車で鳴子温泉へ向かう。鳴子温泉は駅前から温泉街が続き、名物の鳴子こけしの店などが目をひく。

駅前通りをまっすぐのゆるい坂道を上がっていくと、突き当たり近くの右手に共同浴場「滝の湯」がある。背後の石段上に温泉神社があり、源泉がとうとうと湧き出している。浴場はヒノキで造られ、3本の湯滝が流れ落ちている。皮膚病、美肌作用、アトピー性皮膚炎に効果の高い湯だ。

湯の街を一本東寄りの小道を入ると共同浴場「早稲田《わせだ》桟敷《さじき》湯《ゆ》」。黄色が主体のモダンな建物、吹き抜けの浴場など、源泉硫黄泉を表現したものである。「早稲田の学生が昭和23年に、鳴子の町でボーリングの実習が行われ、しゅぴよく源泉を得ました。それで早稲田湯と名付けられました」と鳴子まちづくり株式会社の吉田惇一さん。

平成10年に、初老を迎えた当時の学生たちが再訪したのを機会に古くなった早稲田湯は取りこわされ、新しく「早稲田桟敷湯」に生まれ変わった。湯上がりの休憩は桟敷で。そこには舞台があって、寄席やコンサートが随時開かれる。

駅の北側には、湯治向きの宿が多くある。その一軒の「姥の湯旅館」では石造りの「義経風呂」や「亀若丸の湯」「こけしの湯」「露天風呂」など、それぞれ泉質の異なる浴槽がある。奥州へ落ちて行く源義経の一行がこの地にさしかかった折りに、北の方が亀若丸を出産、姥の湯で産湯を使ったという伝説が残っている。近くの「東多賀の湯」「西多賀の湯」など、いずれも湯治宿として人気。

館内には4種類の源泉が湧き、それぞれの浴槽にそそがれる。写真は「亀若の湯」で単純温泉。入浴料500円

姥の湯旅館

源義経の伝説を持つ宿で、館内には「姥乃湯之碑」があり、旅館内の源泉の湧く上に「湯神社」が祭られてある珍しい歴史の宿だ。㊟宮城県玉造郡鳴子町河原湯65 ☎0229-83-2314

早稲田桟敷湯

早稲田大学の学生が掘り当てた湯。石山修武研究室の設計で、黄をメーンテーマにした浴場は天井が高く開放感がある。入浴客でいつも賑わっている。入浴料530円。☎0229-83-4751

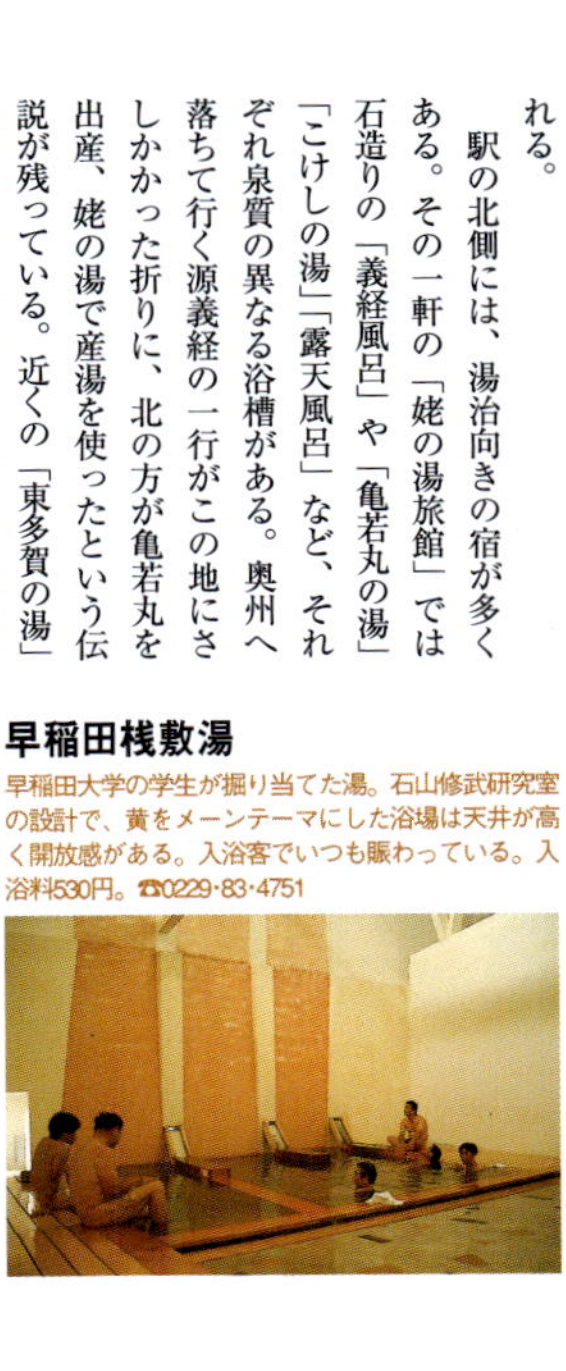

陸羽東線は、鳴子温泉駅から新庄駅間は本数がぐんと少なくなって、ローカル線の雰囲気は更に濃くなってくる。中山平温泉、山形県側に入ると赤倉温泉、痔むし風呂など特色のある瀬見温泉などが、小国川の渓谷に沿って、湯煙りを上げている。

ゆっくりリラックスできるようソファも設置された展望席。

前面の運転室の脇に立って、次々と流れてくる線路の風景。子供の心に返ったひと時だ。

庭園を眺める客室は和の雰囲気にあふれているが、カラオケの楽しめる客室も4室ある。

自家源泉が98℃と高温のため、原生林から引水した清水で適温調整するこだわり。

旅館 仙庄館

中山平温泉は、大谷川沿いにと広々とした畑地の中に湯宿が点在する素朴な湯治場だ。渓谷を前にした、思いがけなくデラックスな雰囲気の楽しめる宿だ。㊟宮城県大崎市鳴子温泉字星沼28-2 ☎0229・87・1234。1万650円〜1万5900円

山形県へと鉄路は続き、ふかし湯など異色の湯を体験

鳴子温泉駅から新庄へはぐんと列車の本数が少なくなる。中山平温泉駅まででは一駅8分である。16時19分は発に乗りたい。次の18時発では暗くなる。

中山平温泉では「仙庄館《せんしょうかん》」に宿をとる。駅から15分ほど大谷川畔へ下って行く。雪道に滑らないよう注意する。

鉄平石《てっぺいせき》とタイルを張った大浴場「仙庄の湯」は、窓外に大谷川の雪景色を眺める単純硫黄泉の湯だ。露天風呂には白濁した湯があふれ「雪見の粋」と讃えられている。

「雪見の露天風呂以外でも、二階には大浴場、一階には2年半前に作られたばかりの貸切浴場がございます。当館の全ての浴場が渓流沿いにございまして四季折々の景色が楽しめます」と仙庄館の高野淳さん。

夕食、朝食ともに部屋食である。

3日目は山形県の赤倉温泉、瀬見温泉と訪ねたいから、朝の早い7時35分発に乗りたいところであるが、駅までは車を使わないと苦しい。次は11時3分。赤倉温泉までは21分。

最上川の支流である小国川の流れに

沿って点在する赤倉、大堀、瀬見温泉などが、芭蕉のたどった奥の細道の山刀伐峠、封人の家などのみどころを近くに置く温泉郷で、義経伝説の濃い一帯でもある。

駅から赤倉温泉街へは、雪路なのでバス利用、10分である。

「１０００年の歴史を持っております私共の温泉は、女神の像の立つ天然岩風呂が名物です。足元から源泉が湧いております。全国でも珍しい湯といわれます」とは、あべ旅館社長・阿部衛さんの話。足元湧出温泉の浴場は、群馬県の法師温泉長寿館など、全国に30カ所くらいしか数えない、貴重な温泉でもある。

あわただしく赤倉温泉駅へ戻り、13時21分の列車で瀬見温泉駅へ。駅前に国道47号が走っているだけのなんにもない駅前。温泉街へは義経大橋を渡って10分ほどの徒歩だ。

唐破風を付けた古色豊かな玄関をみせる「喜至楼」の前に温泉神社、その向かいに共同浴場「ふかし湯」がある。

「一時、姿を消していましたが、数年前に復活しました。板の間に丸い小さい穴をあけ、そこから蒸気を出し、穴の上にバスタオルなどを敷いて、尻がその穴に当たるように横になります」

じき身体中から汗が吹き出し、心なしか痔の痛みも薄らぐ感じだ。時間いっぱいまで、ふかし湯を楽しんだあと、新庄へのディゼルカーに乗り、新庄からは山形新幹線で帰路につく。

あべ旅館

小国川に面して建つ赤倉温泉の名宿の一つだ。天然岩風呂、多目的大浴場、女性専用風呂、サウナを備えた総ヒノキ風呂などに、効能豊かな湯があふれる。☎0233・45・2001。1万2750円〜

江合川にかかる鉄橋を渡って陸羽東線をゆく、湯けむりこがね号。

ふかし湯（痔むし風呂）

床下に源泉70度の湯をためその上に共同浴場を建て、板の間に4センチほどの丸い穴をあけて蒸気を吹き出させる。浴衣のままその上に横になって尻を主にあたためる特殊な入浴法だ。入浴料300円。

一面の雪景色の中をゆっくりと2両編成のローカル線のディゼルカーがゆく。日本の原風景を思わせる心に残る景観だ

野口冬人さんおすすめの旅プラン

初日（土曜日）

06:44	東京発
↓	Maxやまびこ203号
09:13	仙台着
09:33	仙台発
↓	湯けむりこがね号
11:02	川渡温泉着
	立ち寄り湯・川渡共同浴場
12:47	川渡温泉発
↓	
12:51	鳴子御殿湯着
	氏家鯉店で料理を買い
	旅館大沼（泊）

2日目（日曜日）

11:52	鳴子御殿湯発
↓	
11:56	鳴子温泉着
	滝の湯・姥の湯・
	早稲田桟敷湯巡り
16:19	鳴子温泉発
↓	
16:26	中山平温泉着
	仙庄館（泊）

3日目（月曜日）

11:11	中山平温泉発
↓	
11:23	赤倉温泉着
	立ち寄り湯・あべ旅館
13:21	赤倉温泉発
↓	
13:42	瀬見温泉着
	立ち寄り湯・ふかし湯
15:42	瀬見温泉発
↓	
16:03	新庄着
17:16	新庄発
↓	山形新幹線つばさ128号
20:56	東京着

食べに行く!

今が旬！

間人ガニ、津居山ガニ、越前ガニ、タラバガニ…
冬一番の味覚を満喫する！

ローカル線にのって冬の4大ガニを

冬の荒海で育った極上のカニが、港に揚がる季節がやってきた。
列車で行けば、カニの港町はさほど遠くない。
車窓に流れる冬景色をながめながらのんびりと、
1泊2日、札幌・東京・京都・大阪発の“贅を尽くす鉄道の旅”へ！

撮影／佐々倉実（鉄道写真どっとネット）　丹後へ、山陰へ、食通の旅人を乗せて快走する北近畿タンゴ鉄道のディーゼルカー。

京都発

天橋立→丹後間人

間《たい》人《ざ》ガニ

北近畿タンゴ鉄道

ローカル線を乗り継いで、天橋立と、旬のズワイが待つ丹後へ

(上)丹後半島の付け根を横断する山間部の区間を中心に、冬の間、北近畿タンゴ鉄道の沿線は、白一色の世界になる。(右)観光客向けのデラックスな車両が、由良川に架かる北近畿タンゴ鉄道の長い鉄橋を渡る。

智恩寺の参道にたつ「勘七茶屋」で名物「智恵の餅」を食べると智恵を授かるといわれる。煎茶がついて250円。天橋立駅から徒歩5分。☎0772-22-2105

北近畿タンゴ鉄道は、観光客向けの「タンゴ悠遊号」を土曜・休日に運転している。車窓案内の放送が入るほか、由良川鉄橋の上で徐行運転したり、景色のよい海辺で停車したりする。

車窓間近に、天橋立と、その砂嘴で仕切られた内海も流れる。

丹後半島の付け根を横断して、天橋立駅から30分ほどで、網野という駅に着く。ここが目指す間人の最寄り駅だ。

その駅前からバスで15分ほどいくと丹後半島の西側の海岸線が開ける。間人は、海岸線の斜面に民家が肩を寄せ合う小さな漁師町だ。

日本三景、天橋立。約5000本の松におおわれた全長3.6キロの砂嘴に遊歩道が延びている。

小型底引き網漁を行う「海運丸」(15トン)の船長、佐々木茂さんに、漁港で話を聞くことができた。

「午前1時に出て、15回くらい投網して、その日の昼前に帰ってきます」

乗り組むのは漁船1隻に6、7人だという。

「セリは午後3時からです。海がなぎのときは、カニをおろして、すぐまた出ていきますよ。よいカニには4万円の値がつくこともありますから、網を切ってはずして両手で扱います。足一本傷つけても半値以下ですから」

地元の宿の夕食の膳に、鮮度抜群の「間人ガニ」がならぶのだ、そのひとつ、高台にたつ「昭恋館よ志のや」を訪ねて、主人、福山勝久さんに料理の自慢話を聞いた。

「カニすきの前に、沸騰した鍋に、カニみそを入れます。そうすると花が開くように広がりながら浮かんでくるんです」

北近畿タンゴ鉄道は、京都府の西舞鶴駅と兵庫県の豊岡駅をむすぶほか、福知山駅と宮津駅の間に路線を延ばしている。JRの特急が、その天橋立駅まで直通運転を行っている。

カニが旨い宿

昭恋館 よ志のや

京都府丹後市丹後町間人1297-3
☎0772・75・2284
1泊2食付き5万3550円～（花コース）北近畿タンゴ鉄道網野駅からバスで25分
URL：http://www.taiza.jp

「昭恋館」では、巨大な「間人ガニ」を「花コース」の宿泊客1人に1匹と6分の1つかう。写真は焼きガニと茹でガニ。

コース料理の最初はカニ刺し。ごく薄い醤油につけて食べる。いっそう甘味が出るよう、一部だけ氷水にとおす。長年の研究の末に達したこだわりの出汁でカニすきを次にいただく。そのあと、カニの旨みがとけだした極上スープをつかって雑炊にする。「昭恋館」の眼下に、間人漁港と日本海を望む。

舌や嗅覚だけでなく、目でも美味しさがわかる瞬間だ。

「昭恋館」では、幅46センチ（足を折り曲げた状態で端から端まで）という巨大な「間人ガニ」をつかう。

「京都府では漁場に漁礁を沈めてカニの保護に努めてきました。たぶんこの沖合いだけ、増えているんだと思いますよ」

大切なカニを扱うのだから、料理については長いあいだ研究を重ねた。料理長をつとめる弟の渉さんも、主人も、京都や金沢の料亭で修業を積んだ経験がある。

「みんなカニが好きなんです。シーズンが終わったら、京都のカニのお寺にお参りに行きます」

さて、旅の2日目は、宮津の町を歩くとよい。北前船の寄港地だったころ栄えた旧家や、歴史を秘めた古刹が迎えてくれる。

帰路は、天橋立駅から京都行きの特急で約2時間の道のりだ。

京都発 北近畿タンゴ鉄道 間人ガニ

1日目	京都	9:22／特急
	天橋立	11:25／はしだて1号
		●天橋立
	天橋立	15:25／北近畿タンゴ鉄道
	網野	16:02／普通
		●「昭恋館よ志のや」に宿泊
2日目	網野	9:45／北近畿タンゴ鉄道
	宮津	10:20／普通
		●宮津の歴史的な町並みを歩く
		●駅前食堂「とんだ屋」で昼食
	宮津	14:05／特急
	京都	16:03／はしだて6号

城下町で、北前船の寄港地でもあった宮津。その古い町筋を残して白壁土蔵の町並みが広がっている。間人漁港では午後3時からセリが行われる。セコ（雌）、水ガニ（若い雄）も並ぶが、なんといっても成長した雄（緑色のプラスチックタグ付き）に30人ほどの仲買人の熱い目が注がれる。

北近畿タンゴ鉄道の車窓に日本海の水平線が浮かぶ。3月20日まで、この40キロほど沖合いでズワイガニ漁が行われるのだ。

大阪発

城崎温泉→倉吉

津《つ》居《い》山《やま》ガニ

山陰本線

余《あまる》部《べ》鉄橋の最後の勇姿を愛で、津居山ガニのフルコースに酔う

カニが旨い宿

小さなお宿・芹

兵庫県豊岡市城崎町桃島1297-1
☎.0796・32・3368　1泊2食付き2万5000円〜　山陰本線城崎温泉駅からバスで5分
URL：http://www.kinosaki-seri.net

「芹」の出汁は昆布出汁。鰹節は使わない。雑炊の前に鍋を調理場へ戻し、こして味を調える。

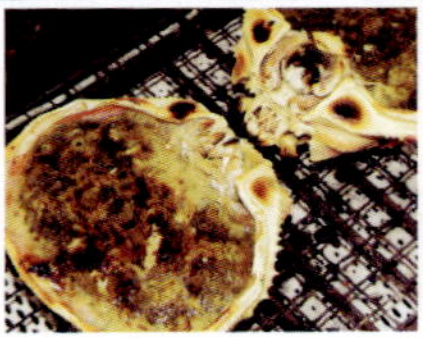

甲羅のなかのカニみそを焼いて食べる。「芹」では日帰りプランも用意している。

刺し身やしゃぶしゃぶを食べているうちに、調理場から香ばしい香りをふりまいて焼きガニが運ばれる。

山陰のズワイガニ漁は毎年11月6日に解禁となる。津居山漁港のセリは朝7時45分から行われる。

城崎温泉には外湯が7箇所ある。下駄をはいて、雪を踏みしめ外湯めぐりというのは、実に風流なものだ。

車窓に冬の荒磯を見ると、心のもやもやなど吹き飛ぶムと昔からいわれる山陰本線。一両ぽっきりの普通列車は、ガランガランと音をたてて余部鉄橋を渡ったらすぐ、無人駅の餘部駅に停まる。

余部鉄橋の下で喫茶店「かあら」を営む北村収さんは、餘部駅の建設のために「石運び」を経験した一人だ。

「小学生のとき課外授業でね。楽しかったですよ。開業の日は、みんなホームで旗を振って列車を迎えました」

そうした思い出深い鉄橋が、いま消えようとしている。

「つくられてから百年という長寿の鉄橋です。仕方ないですね。横に鉄筋コンクリートの橋が架けられます。11月から本格的な工事がはじまります」

余部鉄橋も、この冬が見納めだ。

さて、山陰でブランドのカニといえば「津居山ガニ」。

城崎温泉駅から車かバスで10分ほどの津居山漁港に、漁協支所長の島崎邦雄さんを訪ね、セリの話を聞いた。

「船別に市場にずらりと並べます。すごいのひとことです。セコが先です。ええもんは、あと。どんなに短くても1時間、長いときは3時間くらい」

男たちの真剣な表情、独特のだみ声。

「船は16隻。40から95トン。大きな船ですから、荒波のなかで操業できます。そこが津居山の強みです」

その極上の「津居山ガニ」を食べさせてくれる宿が、円山川のほとりにたつ「芹」。主人の芹沢正志さんはいう。

「秘伝の出汁で、コース料理を2時間から2時間半かけて、楽しんでいただきます。なにしろ新鮮だから、歯ごたえがあってしゃきしゃきしています」

セリで最高の値がつくカニを「番ガニ」と呼ぶが、そのコースだと宿泊料金は時価。一泊二食つきで5万円になる日もあるそうだ。それで、まちがいのない極上品が食べられる。

津居山には、漁協直営の土産品店があり、そこの鰆浪江さんも自信満々。

「一度食べてみて、カニを見直した、おトクだったというお客さんから毎年宅配の注文を電話でいただきます」

(上)城崎温泉駅の次の竹野駅をすぎると、山陰本線は起点の京都駅以来、初めて山陰の海辺に出る。雪に覆われた砂浜、荒波が打ち寄せる荒々しい岩場に目がくぎづけになる。(中)大阪～浜坂に運転される特急「かにカニエクスプレス」をはじめ、シーズン中は多くの臨時列車が運転される。(下)山陰の冬の夜はしんしんとふける。久谷駅にて。

(左)「倉吉レトロまちかど博物館」では、築百年以上の町屋、土蔵造りの銀行をはじめ数々の“懐かしいもの”を見ることができる。(右)鳥取砂丘では12月末から1月初めにかけて光の祭典「鳥取砂丘イリュージョン」が開かれる。

余部鉄橋を見上げる集落のなかにも、「松葉ガニ」を食べさせる宿が数軒ある。背後がすぐ、高い白波の打ち寄せる海だ。

さて、大阪発1泊2日であれば、鳥取砂丘や、「赤瓦をのせた白壁土蔵群の歴史的な町並み」で知られる倉吉まで、足を延ばすことも可能だ。

大阪発 山陰本線 津居山ガニ

1日目	大阪	7:37／特急
	倉吉	10:43／スーパーはくと1号
		●倉吉の白壁土蔵の町並み
	倉吉	13:03／山陰本線
	鳥取	13:52／普通
	鳥取	14:14／山陰本線
	浜坂	14:57／普通
	浜坂	15:13／山陰本線
	餘部	15:28／普通
		●余部鉄橋
	餘部	16:11／山陰本線
	城崎温泉	16:54 ／普通
		●城崎温泉「芹」に宿泊
2日目	城崎温泉	●城崎温泉 外湯めぐり
		10:04／山陰本線
	浜坂	11:05／普通
		●土産品 買出し
	浜坂	12:00／山陰本線
	鳥取	12:46／普通
		●鳥取砂丘
	鳥取	15:22／特急
	大阪	17:48／スーパーはくと10号

山陰本線は京都を起点に、日本海沿いの鳥取県、島根県、山口県まで延びる長大なローカル幹線だ。この幹線から北近畿タンゴ鉄道、福知山線、播但線などが、枝分かれしている。

東京発

三国温泉→東尋坊

越前ガニ

北陸本線・えちぜん鉄道

怒濤さかまく絶景を見ながら、温泉宿で極上のカニに舌鼓！

雪煙をけたてて北陸路を疾走する特急電車。大阪と金沢をむすぶ「雷鳥」号。車内では沿線の名物駅弁が販売される。

立山連峰が日本海に落ち込む親不知の険。絶壁と荒海にはさまれた難所を北陸本線はいく。北陸線の特急で米原駅から約1時間。福井駅に着いたら、ローカル線のえちぜん鉄道に乗り換えよう。

この鉄道の電車にはアテンダントが乗務していて、あれこれ案内してくれる。その道2年の山崎みゆきさんは「三国港から乗られるお客様で、カニを食べてこられた方は、匂いでわかります」と、微笑む。

地元に住んでいても「越前ガニ」は羨望の的、高嶺の花という意味だろう。

終点の三国港駅から九頭竜川の河口が近い。そこに「越前ガニ」の水揚げ港、三国漁港がある。福井県漁連三国支所長代理の立田晴夫さんはいう。

「天気がよくて漁がよいことを祈っています。15トンから70トンの船、14隻が『越前ガニ』の漁に携わっています。選別と鮮度の良さが三国の自慢。大半は地元の三国温泉で消費されます」

三国といえばまた名勝、東尋坊が思い出される。断崖絶壁の海岸は、ここから車で5、6分いったところにある。

その途中、海に突き出してたつ「望洋楼」は創業から百有余年。極上の「越前ガニ」が堪能できる湯の宿として、食通に知られる老舗旅館である。

冬は主人の刀根亨さん自らが市場に足を運び、最上級の「越前ガニ」だけを仕入れてくる。

「常連の方は、帰られるときに次の年の予約をしていかれます」

女将の利江さんは、そう胸を張る。

「最初に『うまい！』といったら、あとはもう、ことばになりませんよ。おしゃべりをするより、殻を割る手ごたえを楽しみながら、みなさん、黙々と食べられますね」

料理長の大野秀章さんは、そういって目を細める。手はあまり加えずカニ本来の味を引き出すようにしているという。

「カニは生きていますから、ほかのカニを傷めないようハサミに輪ゴムがかけてあるんですけど、調理場ですこし油断をすると、指をはさまれて、痛いのなんのって……。」

さて、旅の2日目は富山へいき「岩瀬大町通り」を散策するとよい。〝和〟のたたずまいを整備した富山の新しい観光スポットだ。

北陸本線は、滋賀県の米原駅から新潟県の直江津駅まで353.8キロ。電化された複線の特急街道だ。えちぜん鉄道は、短い編成の電車が30分ごとにいきかうローカル線。

(左) 福井県の三国漁港に揚がるカニを「越前ガニ」と呼ぶ。「間人ガニ」や「津居山ガニ」と同じズワイガニだ。その越前ガニを贅沢にのせた「越前かにめし」（調整元／番匠本店1100円）が福井駅、北陸本線特急の車内で買える。(中) (右) えちぜん鉄道で福井から三国港まで48分。そこから名勝、東尋坊は遠くない。荒々しい岩肌の柱状摂理が、1キロにわたってつづく絶景の地。

雪深い山間を走って大阪と富山方面をむすぶ特急「サンダーバード」。このほか北陸本線には、名古屋・米原と富山方面をむすぶ特急「しらさぎ」などがある。

「望洋楼」には露天風呂付きの部屋が5室ある。共同の露天風呂も日本海に面している。

カニが旨い宿 **望洋楼**

福井県坂井市三国町米ヶ脇　☎0776・82・0067　1泊2食付き4万円～（平日）北陸本線芦原温泉駅からバスで25分
URL：http://www.bouyourou.co.jp

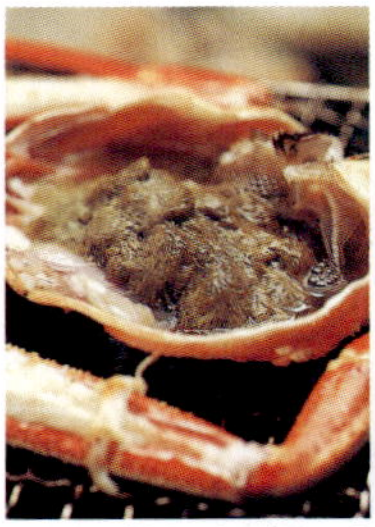

パチパチと足が、プチプチとみそが音をたてて焼け、香ばしい磯の香りが部屋いっぱいに広がる。右は氷にひたしたカニ刺し。

甲羅に付いた黒いカニビルが多ければ脱皮から時間がたっていることの証拠。身の詰まり具合は抜群だ。市場で“取り合い”になる。

東京発 北陸本線 えちぜん鉄道・越前ガニ

1日目

東京	09:36／東海道新幹線
米原	11:50／ひかり367号
米原	11:59／特急
福井	13:02／しらさぎ53号
福井	13:10／えちぜん鉄道
三国港	13:58
三国港	14:34／京福バス
東尋坊	14:39
	●東尋坊
	●「望洋楼」に宿泊

2日目

芦原温泉	09:48／特急
富山	11:05／サンダーバード3号
富山駅北	11:15／富山ライトレール
東岩瀬	11:36
	●岩瀬大町通り（歴史的な町並み）を歩く
岩瀬浜	13:16／富山ライトレール
富山駅北	13:38
富山	13:53／特急
越後湯沢	15:52／はくたか13号
越後湯沢	16:02／上越新幹線
東京	17:20／Maxとき332号

札幌発
釧路→網走

タラバガニ

釧網本線

流氷の海を眼下に走る冬列車で、カニの王様を食べに行く！

1両ぽっきりのディーゼルカーが、北浜駅に到着する。目の前が流氷に埋め尽くされたオホーツク海。はるかに知床連山を望む。

（左）藻琴湖から流れ出す濤沸川の上を「流氷ノロッコ号」が渡る。（中）アトサヌプリ（硫黄山）を見ながら峠道をいく。（右）網走に1泊すれば砕氷船「オーロラ号」に乗れる。

一面氷におおわれた北の海。どこまでも透きとおった湿原。冬の釧網本線は鮮烈な空気に包まれている。すこし朝早いが、7時の特急に乗って札幌を出発すれば、釧路駅で「SL冬の湿原号」が待ってくれている。

真冬の釧路湿原に限りない郷愁をのせて、SL列車が疾走する。

「和商市場」でカニを商って40年、水野商店の水野考正店長に、本タラバガニの"常識"を教えてもらった。

「本タラバガニはカニの王様。味の良さと巨大さから、そういわれますね。重さ1キロが標準サイズ。なかには3キロの大型もあって、両足を広げると1メートル以上になりますよ」

水野商店では、蒸して旨みを凝縮した本タラバガニを、新鮮な味が損なわれないよう、冷凍はせず航空便でチルド輸送してくれる。

釧路で唯一のカニ料理専門店「クラバァー」の主人、関根香澄さんはいう。

「タラバガニは大きくなればなるほど

釧網本線は、東釧路〜網走の166.2キロ。根室本線から分岐し、石北本線につながっている。列車本数の少ない純ローカル線だが、観光客を乗せて"お楽しみ列車"が走る。

タラバガニのザンギ。ニンニクと生姜を混ぜて自家製のたれを衣にして揚げたもの。1200円。

「クラバァー」の創作料理、タラバガニを生から剥いて半分茹でたたたき。ポン酢で食べる。1600円。

特大タラバガニのフライ。大きな足を丸ごと一本フライにしてあり、食べごたえ十分。人気の1品。1本1200円。

豪快タラバ足の一本焼き。香ばしさと甘さで、とりわけ食欲をそそる。ボリュームも満点。2000円（1人前）。

カニが旨い店

蟹酒房クラバァー

北海道釧路市栄町3−1ミヤシタビル
☎0154・24・2660　コース料理4200円より。釧路駅から徒歩10分、車で3分。17時30分〜深夜0時（平日）
URL　http://www.kushirocrabber.com

お酒を飲みながら気軽にカニを楽しめる「クラバァー」のホール。

レストラン&ダイニング クラバァーでもカニ料理を食せる。
北海道釧路郡釧路町桂木2-4-3-2F
☎0154-22-8861

旨みが増します」

魚介類は一般に、大きいものは大味だが、タラバガニは逆だという。

「タラバフライは、大きな足を丸ごとフライにします。甘み、旨みが閉じ込められて、ジューシー、ふわふわ。自家製タルタルソースがベストマッチです。おなかいっぱいになるまで、召し上がってください」

旅の2日目は、ふたたび釧網線の客となり、知床斜里駅までいこう。「流氷ノロッコ号」で、オホーツクの流氷を車窓間近に見ながら、トコトコと、絶景の大自然を満喫する1時間。

特急「オホーツク6号」に乗れば、宵の口に札幌まで帰ってこられる。

冬季限定で運転される「SL冬の湿原号」。気温が低いため、煙が白い蒸気と混じりあい、迫力、情緒とも、ほかの季節とは比べものにならない素晴らしさだ。

札幌発 釧網本線 タラバガニ

1日目	札幌	7:03／特急
	釧路	10:51／スーパーおおぞら1号
	釧路	11:09／●SL冬の湿原号
	茅沼	12:06／●タンチョウ見物
	茅沼	12:41／快速
	釧路	13:19／しれとこ
		●釧路市内散策
		●タラバガニの旨い宿に宿泊
2日目	釧路	9:05快速
	知床斜里	11:19／しれとこ
	知床斜里	11:57／●トロッコ列車
	網走	12:53／流氷ノロッコ4号
	網走	13:29／特急
	札幌	18:45／オホーツク6号

北海道3大市場の一つ、和商は釧路市民の台所。カニがところ狭しと並ぶさまは圧巻。カニ専門店の水野商店では、通販も受け付けている。☎0154・22・8861　FAX0154・22・8807

「和商市場」の水野商店では、手間ひまかけて蒸し器で蒸した極上の本タラバガニを店頭に並べている。浜茹でのカニより味は数段上だという。

取材・文／松尾定行　撮影／佐々倉実（鉄道写真どっとネット）、真島満秀写真事務所、加藤正道、宮前祥子、服部勝司
写真協力／天橋立観光教会、平七水産、但島漁協津居山支所、鳥取県

九州特急の思い出を語る
【東京〜熊本】18時間紀行

レイルウェイ・ライター

種村直樹流「はやぶさ」の愉しみ方

ブルートレインが登場して半世紀。今も東海道の旅路を守る元祖ブルートレイン『はやぶさ』に乗って、種村直樹さんがその魅力を語った

東京駅10番線ホームには、今日も17時40分きっかりに12両編成の青い列車が入ってきた。寝台特急『富士／はやぶさ』。『さくら』『あさかぜ』など、国鉄の看板列車だった九州行き寝台特急の系譜を受け継ぎ、今も西を目指す伝統の特急列車だ。『カシオペア』『北斗星』『トワイライトエクスプレス』トリオの豪華寝台特急の影に隠れてはいるが、ひたむきに走り続ける『はやぶさ』を愛する人は多い。

『はやぶさ』は、大分行き『富士』に併結されて、東京から名古屋、大阪、広島、博多と日本の大動脈を走破する。ＪＲ東日本、東海、西日本、九州と４社も経由する唯一の列車でもある。門司駅で『富士』を分割・併合する。東京〜熊本間運賃・料金は３万1200円（シングルデラックス）、２万4150円（B寝台ソロ／B寝台）

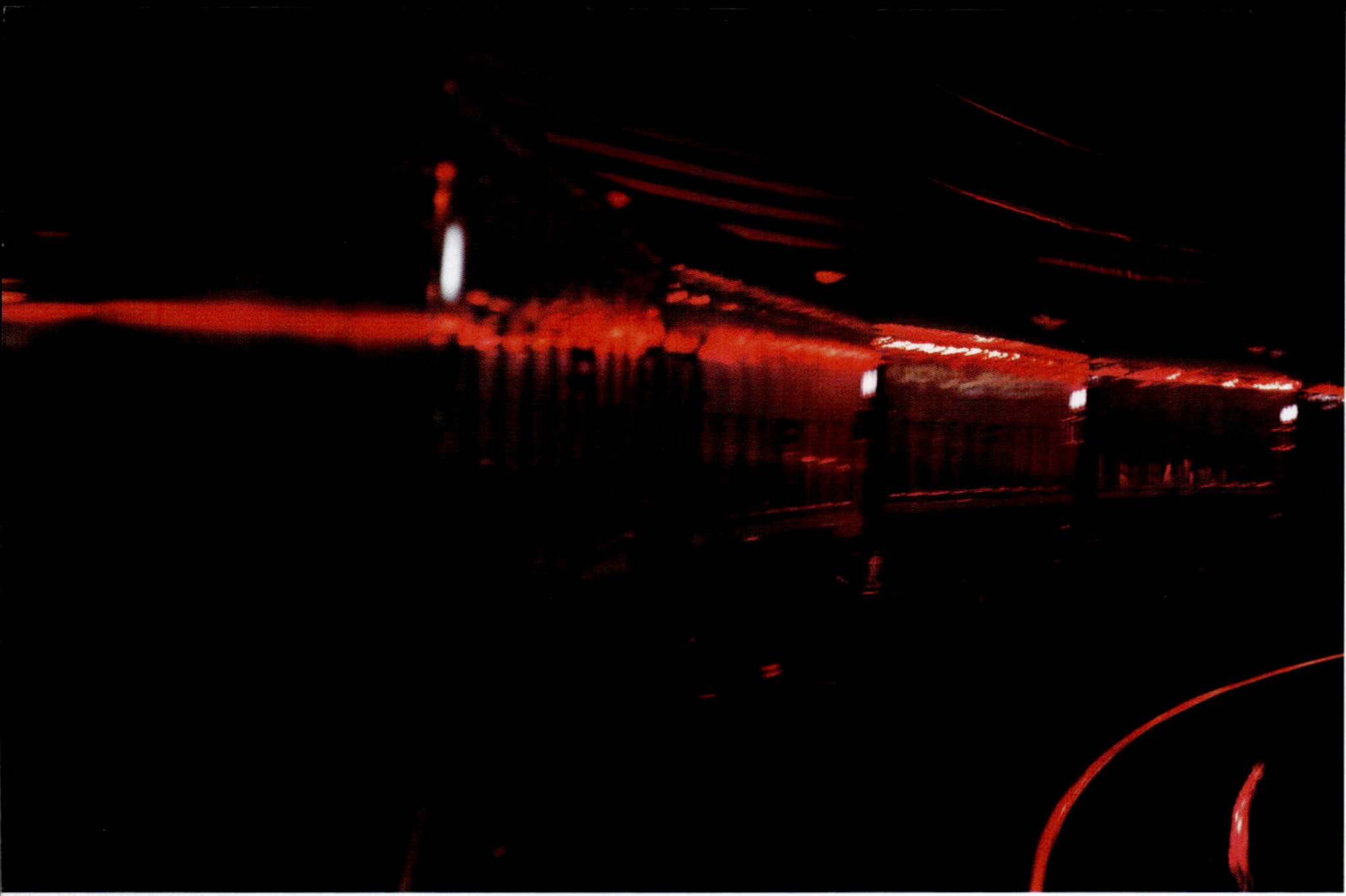

夕闇迫る東京を今日も『富士／はやぶさ』が旅立つ。列車を愛する旅人たちの想いを乗せて……。

HAYABUSA

時代は変わっても、汽車旅の旅情は色あせない 種村さんに聞く、九州ブルートレインの想い出

「かつて九州特急と呼ばれたブルートレインには、これまで60回以上乗りました。やはり、ブルートレインと言えば九州行き、という思い入れはありますね」

半世紀余にわたり、日本の鉄道を見つめてきた、レイルウェイ・ライター種村直樹さん。今回、種村さんが旅をするのは、東京と熊本を結ぶ〝元祖ブルートレイン〟『はやぶさ』だ。

種村さんの今夜のベッドは、A寝台個室シングルデラックス。ＪＲの数ある個室寝台の中でも現存する最古参の寝台で、「国鉄」の香りが今も漂う。シンプルなインテリアの室内は、広くはないが天井が高く、防音もしっかりしていて落ち着ける。

18時03分、『はやぶさ』は、大分行き『富士』と共に静かに東京駅を出発した。

「初めて九州ブルートレインに乗ったのは、新婚旅行の帰りでした」

東京のネオンをバックに、九州ブルートレインの思い出を語っていただいた。

「昭和35年、列車は下り『さくら』でした。当時は寝台特急にも座席車があって名古屋~京都間だけ乗ったんです。国鉄最新鋭の20系客車で、通路より一段高くなっている座席に風格を感じました」

その後、フリーになった種村さんは、鉄道専門誌に、数々のルポを執筆した。

「『はやぶさ』にも10回以上乗車しましたが、初めて乗ったのは、１９７５年３月、東海道・山陽新幹線博多開業を取材した帰りのことです」

当時の種村さんの思い出には、よく食堂車が登場する。

「若い読者と飲みながら、閉店まで学生時代の旅を語ったんです。千鳥足で帰ろうとしたら、ウエイトレスが、〝たくさん召し上がっていただき、ありがとうございました〟と……。そんな想い出があるのも、食堂車があったからこそですね」

時は流れ、東京から九州へは飛行機の利用が一般的になったが、今も旅情を求めてブルートレインの旅を選択する人は多い。「一度、子供を『はやぶさ』に乗せたかった」という家族連れが、B寝台で楽しそうにお弁当を広げていた。

たねむらなおき
１９３６年（昭11）、滋賀県生まれ。毎日新聞記者を経て、１９７３年からフリー。レイルウェイ・ライターとして、鉄道をテーマに著作を続ける。著書に、『日本縦断「ローカル列車」を乗りこなす』（青春出版社）など。

お酒、読書…、A寝台シングルデラックスで ひとり旅ならではの贅沢な時間を過ごす

冬の『はやぶさ』は、夕暮れ後に東京を発つ。軽く飲みながら、窓の外の灯りを追う。種村さんの旅には、酒のお供が欠かせない。

年季を感じさせるデッキの扉。汽車旅には、こんな手動の扉がよく似合う。

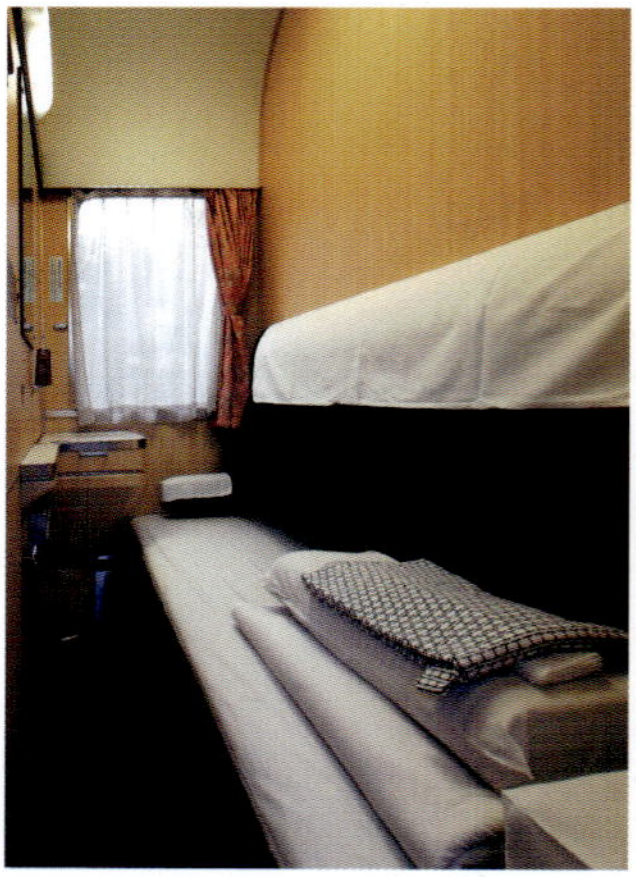

70年代の汽車旅を今も味わえる貴重なシングルデラックス。カーテンやモケットはＪＲ九州オリジナル。

シングルデラックスは、テンキー式のドアロック。窓際にあるテーブルは、跳ね上げると洗面台になる。

18時間という時間そのものが『はやぶさ』を愉しむ大きな要素

『はやぶさ』には、食堂車やシャワーなどのサービス施設が何もない。種村さんは、そんな『はやぶさ』の現状を残念としつつ、だからこその愉しみ方があると言う。「東京から熊本まで、約18時間。この時間そのものが、現代の『はやぶさ』を愉しむ大きな要素です」

ふだん生活していると、一人でゆっくり過ごせる機会は、思いのほか少ない。『はやぶさ』の個室に乗れば、翌日の昼近くまで、誰にも邪魔されずに過ごせる。

「個室を、自分の動く書斎にしてしまうんです。例えば読書。時間があったら読もうと思いながら、なかなか読めない本が、誰にでもあるのではないでしょうか。そういう本を一冊持って、個室寝台に乗る。一晩じっくりと読むことができます。僕は、昔から夜行列車に乗る時は〝ミステリーをお供に〟と言ってましてね。『はやぶさ』を舞台にした、西村京太郎さんの『寝台特急殺人事件』はいかがですか。レールの音をBGMにページをめくれば、きっと国鉄時代のブルートレインに乗っている気分になれますよ」

そう言いながら、種村さんは、かばんの中から一冊の本を取り出した。

「これはミステリーじゃないんですが」

種村さんの旧知の読者が執筆したノンフィクションだという。ページをめくる種村さんの表情は、教え子を見守る教師のようだった。

HAYABUSA

翌朝、6時53分着の徳山で、初めて車内販売が乗り込む。名物「あなご飯」と「幕の内弁当」の他、「きびだんご」などのおみやげもある。

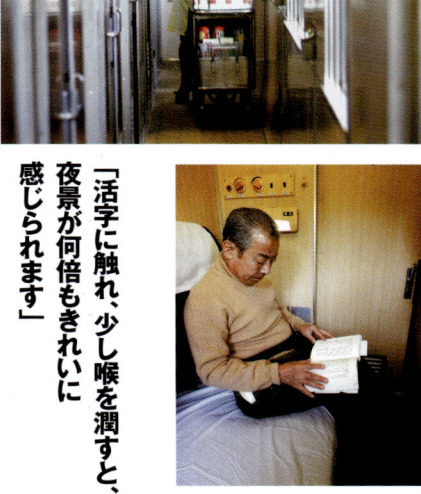

徳山の「あなご飯」は種村さんもお薦めの逸品。「余計なおかずがなく、穴子もしつこくないので、朝食に最適です」

目が覚めたところで、原稿を書いてみる。「普段書く機会のない人へ、手紙を書いてみるのも良いですね」

「活字に触れ、少し喉を潤すと、夜景が何倍もきれいに感じられます」

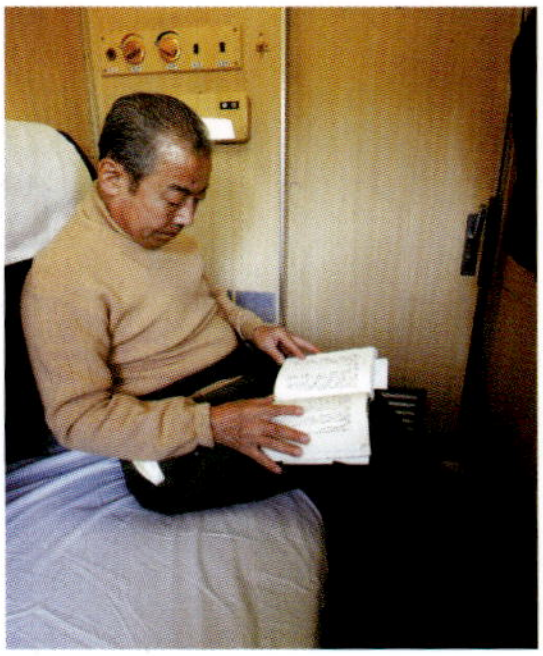

暖かい朝日が差し込む個室で、読書を愉しむ。「車内は揺れますから、なるべく文字の大きな本が良いですね」

「こんな風に活字に触れ、少し喉を潤して窓の外を眺める。すると、なんでもない夜景が何倍にもきれいに感じられます」

東京を発車した頃、次々と個室を照らしたネオンの灯りも、読書に疲れる頃には、ほとんど見えなくなっている。旅に出たことを実感する一瞬だ。

室内灯を消し、暗闇の中、窓の外をぽつんぽつんと流れる灯火を眺める。夜行列車の、それも個室寝台にだけ与えられた特権だ。

豪華な列車は、食堂車だロビーカーだと、ともすれば慌ただしくなりがちである。誰にも邪魔されず、ゆったりと過ごす一夜は現代の贅沢とも言える。

「個室に疲れたら、車内を歩いてみましょう。最後尾からは、後方の景色を見られてちょっとした展望室の気分です」

〝展望室〟から後方に伸びるレールを見つめるうちに、時刻は21時。

『それでは車内の灯りを、少し暗くします。ごゆっくり、お休みください……』

車掌のお休み放送が終わると、車内にはレールの音だけが響いていた。

シングルデラックスで見つけた、懐かしい「国鉄」の面影

二度の改装を経たインテリアには今も国鉄の香りが色濃く漂う

国鉄末期の看板設備だったA寝台個室。壁などは改装されているが、調度品やリネン類を観察すると、国鉄の面影があちこちにある。ヘッドマークをプリントしたタオルは、おみやげに持ち帰れる。

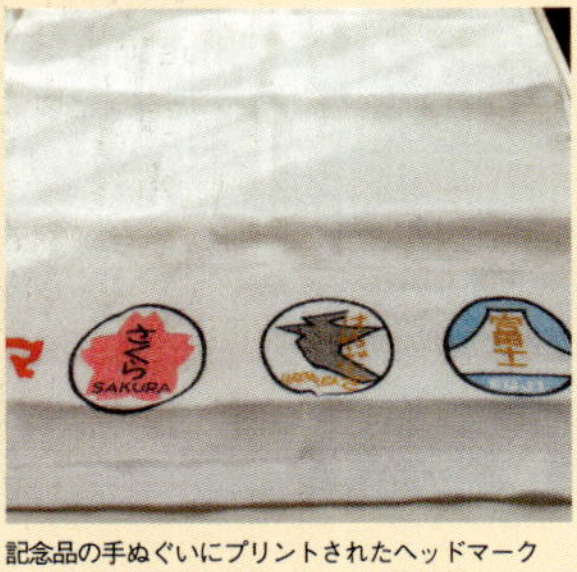

記念品の手ぬぐいにプリントされたヘッドマークは、EF65型機関車が牽引していた国鉄時代のもの。

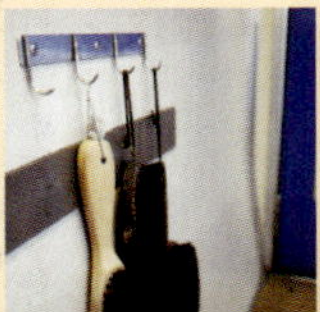

A寝台の通路に備え付けられた靴ブラシ。かつて紳士の列車だった名残。

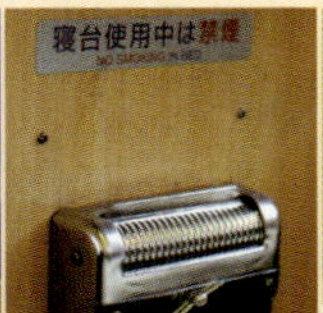

個室内には灰皿も。個室で喫煙できるのも国鉄型車両ならでは。

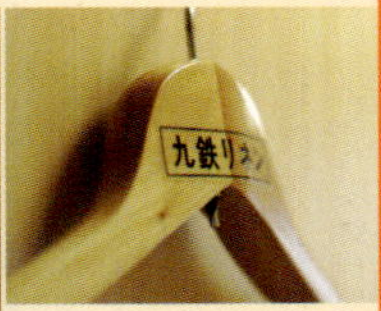

「九鉄リネン」の文字が郷愁を誘う。浴衣も国鉄時代と同じ「エ」マーク。

下りの「はやぶさ」ならではの眺望
明け方の瀬戸内海の車窓に感動！

小さな入り江の奥にも漁港がある。集落ごとに、少しずつ表情が異なる。戸田付近にて。

朝靄は、瀬戸内の風物詩。シルクのような靄が田畑を覆い、幻想的な車窓となる。

冬の瀬戸内の朝は遅い。柳井が近づく頃、ようやく明るくなってきた。

広島を発車して阿品駅から柳井までが、最も瀬戸内海がよく見える。周防灘の朝焼けを見ながら走る『はやぶさ』。

朝の景色を眺めるなら シングルデラックスがおすすめ

ベッドから外を見ると、空がかすかに白んでいた。列車は瀬戸内海に沿って走っている。ぽつん、ぽつんと貨物船の灯りが見え、大きな橋をくぐった。山口県の大畠と周防大島を結ぶ、大島大橋だ。

「やあ、おはようございます。冬は朝が遅いですね。夏なら広島辺りで明るくなります。窓のすぐ下に大野浦が広がり、宮島も見えます。いかにも日本らしい、島や入り江が入り組んだ瀬戸内を見ながら迎える朝は、『はやぶさ』ならではです」

周防灘をぐるりと回ると、いったん海を離れて市街地に入り、柳井到着。だいぶ冷えているらしく、田畑には朝靄が立ちこめている。

「この辺りの海は、ずっと見えるのではなく、ちらっ、ちらっと近づくのがいいですね。個室から、こうした海を眺めるなら、やはりシングルデラックスがお勧めです。ソロは部屋が山側にあり、瀬戸内海の景色を愉しむには廊下に出なくてはなりません」

すっかり明るくなり、左手に巨大な石油コンビナートが見えてくると徳山だ。

「このコンビナートを見ると、はるばる来たな、と思います」

徳山からは車内販売が乗務。種村さんは顔馴染みというおばさんから、徳山名物の「あなご飯」を買い込む。ふっくらした穴子を愉しむうちに新山口到着。本州の旅も終わりが近づいてきた。

関門トンネルを越えて、九州へ 機関車交換を眺めるのも汽車旅の醍醐味

鹿児島本線を走る『はやぶさ』。昔ながらの『はやぶさ』だけのヘッドマークは、今や九州内でしか見られない。

門司駅

門司駅では、機関車交換と同時に大分行き『富士』との分割作業も行われる。

門司駅

関門トンネルを抜けると、ED76型交流電気機関車が登場。九州の寝台特急の顔だ。

下関駅

EF81型は、大出力・交直両用の万能電気機関車。国鉄時代から全国で活躍してきた。

下関駅

約1000kmを走破したEF66と分かれ、耐塩加工が施されたEF81型411号機に付け替え。

HAYABUSA

国内初の海底トンネルを抜け、ラストスパートへ

8時33分、本州最西端の駅、下関駅に到着。東京から『はやぶさ』と『富士』を牽引してきたEF66型直流電気機関車は、ここでその役目を終え、関門トンネル専用の電気機関車、EF81型411番車に付け替えられる。そのため下関駅では5分停車する。

「最近の列車は、停車時間が短くなってしまい、こうしてホームに降りて気分転換できる機会も減りました。下関駅は良いですね。長いホームに、かつて終着駅だった頃の面影が残っていて、汽車旅らしい雰囲気を味わうことができます」

作業服を着た係員が手際よく連結器を操作し、機関車を切り離す。こうした機関車付け替え作業を見られる列車も、今ではほとんどないそうだ。

下関駅を発車すると、列車は運河のような小瀬戸を越える。

「関門海峡まで来て、初めて右側に海が見えます。本州の一番端まで来たんだということを実感できる瞬間です」

間もなく列車は、関門トンネルに入った。昭和17年(1942)に開業した、国内初の海底鉄道トンネルだ。3614mのトンネルを抜けると、そこは九州。門司駅で大分行きの『富士』を切り離し、EF76型交流電気機関車に付け替える。終着熊本まであと3時間。『ソニック』や『かもめ』など、JR九州の最新鋭電車に囲まれて、ベテラン客車特急『はやぶさ』は、ラストスパートに入る。

東京～熊本間の停車駅で買える、駅弁の愉しみ

18:03発
東京駅
「極附弁当」

日本レストランエンタープライズが「日本ばし大増」と共同で作り上げた究極の駅弁。二つの重に20種類以上の料理が詰まる。

「極附」は、歌舞伎用語で「究極」を意味し、包みも歌舞伎をイメージ。

桔梗色の風呂敷に包まれた弁当は、1日70食限定、3800円。

6:53着
徳山駅
「あなご飯」

自家製“あなごだし”で炊きあげた穴子に、醤油ベースのタレで焼いたシンプルな駅弁。しつこさがなく、朝食にもぴったり。

包みもシンプル。売り切れる前に、車飯を探して買おう。920円。

8:33着
下関駅
「ふくめし」

下関の名物弁当。冬季限定で、ふぐの唐揚げと蟹爪、ふぐの一夜干しがご飯の上に載っている。ふぐの弾力ある食感を愉しめる。

ふぐをあしらったユーモラスな容器がトレードマーク。1300円。

『はやぶさ』編成図・車両案内

同じ料金を払うなら、B寝台でも個室のソロ

現在の『はやぶさ』は、門司駅までは大分行き『富士』に併結されている。編成は『はやぶさ』『富士』共に6両ずつで、いずれもA寝台個室のシングルデラックスとB寝台個室のソロが各1両、2段式B寝台が4両という構成だ。食堂車やロビーカー、シャワーなどは連結されていない。

車両は、途中で分割・併合を行うため、床下に発電機を備えた分散電源方式の14系15型を使用している。シングルデラックスは、集中電源方式の24系25型を改造したもの。どの車両も製造から30年前後が経過しており、洗面所などは長年使い込まれたレトロな味わいを感じられる。

3種類の寝台のうち、一番人気はB寝台個室のソロ。2階建ての個室だが、料金は通常のB寝台と同じで、お値打ち感がある。昔ながらの開放型B寝台も、2段式なのでスペースに余裕があり、グループにお薦め。ただし、朝は6時から車内放送が始まり、下松駅からは寝台券がなくても乗車できるので、朝寝坊したい人は、やはり個室がいい。

『はやぶさ』編成図・車輌案内

はやぶさ、富士の編成図

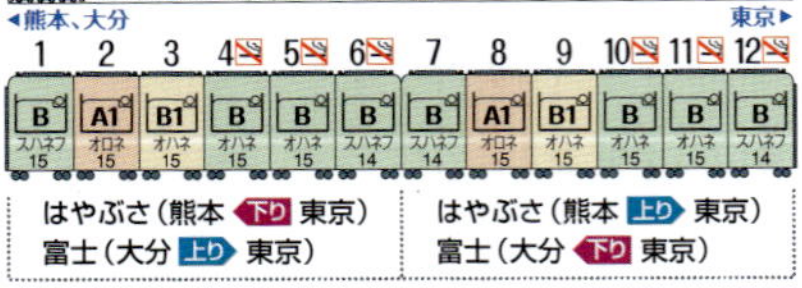

2 8 A寝台【シングルDX】／一人用個室（14室）

3 9 B寝台【ソロ】／一人用個室（18室）

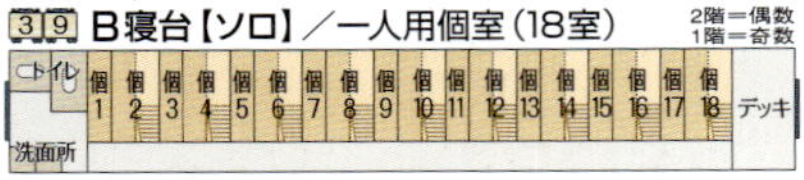

1 4 5 6 7 10 11 12 B寝台／二段式（34席）

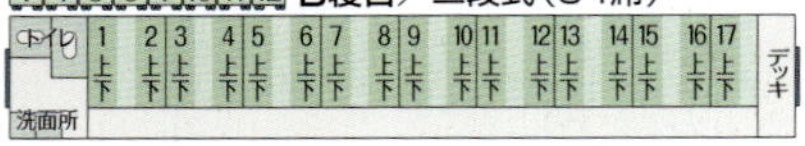

『はやぶさ』に連結されている車両は3種類とシンプル。14系15型客車は、昔ながらのブルートレイン用車両としては最後に開発されたタイプで、『あかつき』、『さくら』などに使用されてきた。

美味しい駅弁とお酒が『はやぶさ』の旅を左右する

その土地の名物駅弁を食べるのは、旅の大きな愉しみのひとつ。東京駅の極附弁当の包みを開いた種村さんは、「一生懸命作っているなあ」とつぶやいた。

「最近の駅弁は、とても美味しくなりました。料理はもちろんですが、僕は特にご飯が美味しくなったと思いますね」

食堂車のない『はやぶさ』では、駅弁が旅の愉しさを左右する。そこで、上手に駅弁を愉しむコツをうかがった。

「夜は車内販売もないので、必ず乗車前に駅弁などを買っておく必要があります。グループならいろいろな駅弁をひとつずつ買って分けると良いでしょう。朝、車内販売で売られる〝あなご飯〟は人気が高いので、席で待たずに買いに行った方が確実です。駅弁だけでなく、東京駅の大丸地下でおつまみを買ったり、地酒のワンカップを用意しておくと、愉しみが増えると思います」

乗車前の周到な準備が、『はやぶさ』の愉しみを大きく左右する、と言えそうだ。

8:46着 門司駅

伝承小倉の「かしわめし」

鶏肉の人気が高い北九州の名物駅弁。鶏と昆布などで炊き込んだご飯の上に、鶏肉と錦糸卵、海苔を敷き詰め見た目もカラフル。

小倉駅でも買える。680円。高級版の「特製かしわ飯」890円もある。

11:48着 熊本駅

「殿様弁当」

熊本出身の細川護熙総理(当時)の就任を記念して発売された駅弁。辛子蓮根や馬肉の煮物など、熊本名物がいっぱい詰まった幕の内だ。

いかにも殿様の弁当というような高級感ある包み。1050円。

下り『はやぶさ』全ルート

東京駅	18:03発	柳井駅	6:23発
横浜駅	18:28発	下松駅	6:45発
熱海駅	19:35発	徳山駅	6:53発
沼津駅	19:53発	防府駅	7:17発
富士駅	20:08発	新山口駅	7:33発
静岡駅	20:36発	宇部駅	7:56発
浜松駅	21:30発	下関駅	8:38発
豊橋駅	21:56発	門司駅	8:58発
名古屋駅	22:47発	小倉駅	9:06発
岐阜駅	23:08発	博多駅	10:13発
京都駅	0:37発	鳥栖駅	10:36発
大阪駅	1:08発	久留米駅	10:45発
広島駅	5:21発	大牟田駅	11:10発
岩国駅	5:58発	熊本駅	11:48着

上記のほか、米原駅と岡山駅で乗務員交代のために、鹿児島本線赤間駅では『ソニック8号』の通過待ちのために停車する。ドアは開かず、乗客の乗り降りはできない。

はやぶさ

昭和33年(1958)10月1日、鹿児島本線経由の、東京～鹿児島間で運行開始。昭和35年(1960)7月20日から元祖ブルートレインの20系客車を使用し、東京～西鹿児島間を結んだ。現在は、熊本止まりで、東京～門司間は『富士』と併結運転。定期列車としては最長距離を走る。

走行距離1317.9km、総運転時間17時間45分。

施設(その他)

2・8号車にはソフトドリンクの自動販売機が設置されている。

自動販売機の前には、今や珍しいカード式の公衆電話もある。

古き良き国鉄を感じさせる、レトロなB寝台の洗面所。

B寝台

通路には折りたたみ式の椅子があり、車窓を眺めるのに便利だ。

寝台車と言えばやはりB寝台。グループ旅行にはこちらが便利。

B寝台ソロ

2階室は窓が高く見晴らし抜群。『はやぶさ』で最も人気が高い。

こちらは1階室。プライバシーもしっかり守れ、お値打ちだ。

 取材・文／栗原 景、撮影／米屋浩二、写真／レイルマンフォトオフィス、真島満秀写真事務所、結解 学、地図／ジェオ

【東京・名古屋・大阪発！】

列車達人が教える冬ならではのプラン22

冬の「日帰り」ローカル線の旅

「遠出は難しい」という人ならば、日帰りでも十分に列車の旅を満喫できる。ぽかぽか銭湯巡りや、旬の味覚を楽しんだり。東京、名古屋、大阪発の、鉄道の達人が厳選した冬ならではの、のんびりプランを揃えました。

職業・旅人の俳優
阿藤 快さんが巡る

信州諏訪で温泉三昧の旅

【東京発プラン――①】
中央東線
新宿▼下諏訪▼上諏訪▼新宿

◉東京発プラン作成
松尾定行さん
旅と鉄道の編集部に勤務の後、昭和54年から旅と鉄道をテーマにした出版物の執筆・編集にフリーの立場で取り組んでいる。近著に『鉄道の旅 関東・甲信越編』（こうき社）、『鉄道ものしり百科』（学研）がある。

上諏訪駅1番ホームには上諏訪温泉の足湯があり、JRの乗車券があれば無料で利用できる。列車を待つ間、阿藤さんも足湯でのんびり。

古い町並みが残る下諏訪では湯巡りの途中で路地散策もできる。江戸時代創業の旅館や、名物の塩羊羹のお店も。

駅に降り立つなり、「信州は空気が美味しいね」と阿藤さん。

「諏訪には飽きるほど行っている。昔ラジオの仕事で上諏訪には半年くらい通ったからね。でも旅って毎回新しいことが起こるから、本当は飽きることなんてないんだよね」

諏訪を目指し、新宿駅であずさ号に乗り込んだ俳優の阿藤快さんは旅人歴40年のベテラン。旅番組のロケが多く、1年の半分は旅をしている。阿藤さん曰く「職業は旅人、あいまに役者」だそうだ。

通勤ラッシュを横目に走り出したあずさ号。東京と名古屋を結ぶ全長424・6kmの中央本線の中で、あずさ号は東京—塩尻間の中央東線（222・1km）と塩尻—松本間の篠ノ井線を進む。

中央東線はとくに冬から春にかけての車窓風景がおすすめで、冬場は澄んだ青空に雪を纏った純白の北アルプスが凛とした姿を見せる。

「春もすごくいいんだよ。残雪の北アルプスと田植え間近の水田。水田に太陽の光がキラキラっと反射して、生命力が伝わってくる！」と阿藤さん。

走りはじめて1時間ほど。かつては日本一の長さを誇った全長4656mの笹《さき》子《ご》トンネルを過ぎると、あずさ号はいよいよアルプスを眺めながら長野県諏訪市を目指す。ほどなく南アルプスと甲府盆地のパノラマが広がりはじめたら、山梨県勝沼ぶどう郷駅あたり。桜が咲き、桃の花が見頃を迎える4月は桃源郷と呼ぶにふさわしい風景が沿線を包む。甲府駅、韮崎駅、小淵沢駅を通過し、やがて八ヶ岳や北アルプスが見えてくると、あと30分ほどで下諏訪駅だ。

諏訪湖のほとりに広がる下諏訪は江戸時代、中山道最大の宿場町として栄えたところ。諏訪大社の門前町でもあり、本陣や脇本陣をはじめ、白壁や格子戸の家並みが残り、往時を偲びながら町歩きが楽しめる。しかも、下諏訪は中山道でただひとつの湯町。温泉がどれほど多くの人を癒しただろう。町内には今も公衆浴場が10軒点在している。

長野色と呼ばれる淡いブルーがメインの列車は115系。ボックスシートや開閉可能な窓がレトロ。

❶遊泉ハウス児湯

2階建てで町内最大の広さ。1階には大理石造りの浴場、打たせ湯、かぶり湯、超音波ジェット槽があり、2階には健康器具が置かれた体力づくり空間も。児湯は子宝の湯に由来。無休。

国道142号沿いの山間、ドライブインに併設。地下1600mから湧く塩化物泉はアトピーや腰痛など効能抜群。湯元で源泉掛け流し。無休。

❺六峰温泉

昭和2年の完成でも、歴史のある下諏訪温泉では新参者!? 源泉はわずかに塩味がする。湯上りの牛乳&コーヒー牛乳も魅力。無休。

❸新　湯

❹菅野温泉

大社通りにあるが、格子戸の佇まいは隠れ湯の趣。入口を目指し、路地を進む感じがいい。公衆浴場ではマナーを守って! 無休。

❷旦過の湯

はじまりは鎌倉時代の修行僧の宿泊施設という歴史の湯。清潔感漂うタイルの湯船に熱めの温泉が満ちる。ぬるめの温泉で熱い湯をうめるこだわり! 無休。

❻みなみ温泉

住宅街にあり、緑色の屋根が目印。開放的な浴室には、楕円形の内湯が男女別に備わる。無休。

下諏訪 温泉銭湯巡り

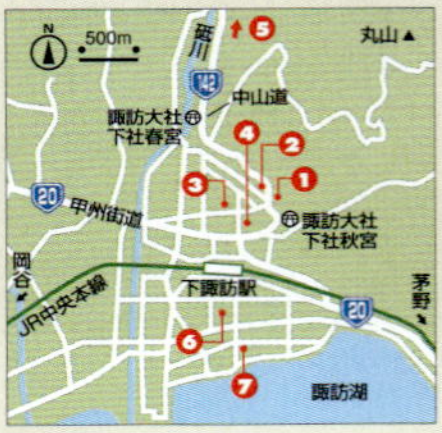

❼湖畔の湯

諏訪湖畔の並木通り沿い。大浴場、打たせ湯、露天風呂も完備。美肌効果がある単純温泉は51・8度とやや熱め。月曜休(祝日は営業)。

山猫亭

下諏訪温泉の公衆浴場「菅野温泉」近くにある蕎麦処。石臼で挽いた手打ち蕎麦が人気。こだわりの蕎麦は、専用の仕込み醤油と利尻昆布、みりんなどを使ったツユで味わう。もり蕎麦819円、ざる蕎麦871円。新鮮な生クリームと蕎麦粉だけで作るデザート・そばちち315円もおすすめ。

11時～15時、17時30分～21時(ラストオーダー)、火曜休。

☎0266-27-8192

阿藤さんがまず向かったのは下諏訪駅から徒歩10分の公衆浴場「遊泉ハウス児《こ》湯《ゆ》」と「旦過《だんが》の湯」。

「ここの湯は昔から〝肌の湯〟と言われています。擦り傷なんてすぐ治る。私はもう何十年も、毎朝このお風呂に入ってから仕事をはじめています。温泉で顔を洗って、背中はタワシでこすって」

とは、共同湯を管理する下諏訪財産区議会の菅沼一幸さんと北原一郎さん。菅沼さんをはじめ、諏訪で出会う人は老若男女を問わず、皆さん肌美人!

「温泉って、たいしたもんだね。体に効いているのが分かる。ここの温泉は濃い感じ。すごくあったまる。下諏訪では生活の中に温泉があるんだね。皆さん、心豊かでいい表情をされている」と阿藤さん。

その後、下諏訪であちこち温泉をハシゴした後、今度は各駅停車の中央東線に乗ってお隣の上諏訪駅へ。上諏訪では建物も素晴らしい温泉施設「片倉館」で寛ぎ、上諏訪駅ホームでは無料で入れる足湯に入浴。そして帰路にはローカル線旅情を味わうために、ボックスシートの普

中央東線の普通列車で
各駅停車旅。
日野春駅は小淵沢駅から２駅、
上諏訪から８駅の距離。

諏訪湖
御神渡り

諏訪の冬の風物詩
「諏訪湖御神渡り
（おみわたり）」は、
凍った諏訪湖の表面が
連日の冷え込みで
山脈のように盛り上がる
自然現象のこと。
年により、１～２月の数日～
数週間見られる。
問い合わせは、
諏訪市役所観光課
☎0266-52-4141

“湯の町、湖の町、人情の町”
信州・諏訪でのんびりローカル線の旅

上諏訪立ち寄り湯
片倉館

上諏訪駅から徒歩５分、
レンガ造りの重厚な外観が
目印。かつて上諏訪は製糸
の町として栄え、それを
支えていたのが地元の片倉財閥。
二代目・片倉兼太郎は
女工さんの疲れを癒すために、
昭和３年にモダンな
温泉施設を造った。
第２・４火曜休（祝日の時は営業）。
☎0266-52-0604

上が千人風呂。110cmの深さに、身長183cmの阿藤さんもびっくり！

一際目立つレンガ造りの建物。左は温泉棟館内。レトロな雰囲気に心和む。

中央東線の旅プラン

新宿発　7:30　特急「あずさ3号」
▼
下諏訪着　10:01
○温泉銭湯のハシゴ、御神渡りの見学
▼
下諏訪発　13:26
▼　中央東線・普通
上諏訪着　13:30
○立ち寄り湯「片倉館」
▼
上諏訪発　15:09
▼　中央東線・普通
高尾着　18:08
高尾発　18:11
▼　特別快速
新宿着　19:08

往復乗車券7,140円（新宿～下諏訪）
自由席特急券2,100円（新宿→下諏訪）

駅弁・甲斐の貝をほおばる阿藤さん。鮑とキノコの炊き込みご飯、鮑スライス煮、山の鮑ことエリンギほか地元の幸が満載。

鮑の形をした藤製の容器も可愛い（駅弁は撮影のため小淵沢駅で購入）。

通列車・115系に乗り込んだ。

「電車の旅って時間の流れ方が独特だよね。ローカル線はとくに、四季折々の風景が車窓をゆっくりと流れていくからいいね。のんびりできる。時々方言が聞こえてきたりして、地元の人の生活がちょっと感じられる。今回も新しい出会いがいっぱいだった。温泉銭湯ハシゴ旅。いいお湯にいい人集まるって感じかな」

阿藤さんは駅弁を食べつつ話を続ける。

「その土地でしか出会えないもの、その土地でしか食せないものがあるから、旅に出るんだよね。そこに行かなきゃ本物の良さにありつけないってのがいい」

阿藤さんは明日もあさっても、美味しいものと土地の人に会いに旅に出かける。

阿藤 快《あとう かい》
神奈川県小田原市出身。
東京都立大学法学部卒業後、
弁護士を目指すも、運命的な出会い、
出来事を経て俳優の世界へ。
黒澤明監督『影武者』、市川崑監督
『幸福』をはじめ、舞台、テレビ、ラジオなど
幅広く活躍。旅番組の顔！

取材・文／のかたあきこ　撮影／斉木実　写真提供／諏訪市博物館

由比宿と昭和初期の面影を残す吉原商店街を歩く

【東京発プラン――②】

東海道線・岳南鉄道

富士▼興津▼吉原▼吉原本町

興津駅から徒歩約45分で、薩埵峠の展望台に着く。正面に富士山。眼下に東名高速、国道1号、東海道線。右手に駿河湾を見る絶景の地だ。

東海道線を西へ下る普通電車の車窓に、真っ白な富士山がくっきり浮かぶ。

興津《おきつ》駅で下車して、まずは薩埵《さった》峠へ。ミカン山に伸びる細い山道を登る。

「海からの潮風がミカンに甘味を加えてくれるのさ。食べてみるかい」

ミカン山で働く伏見操さんが、数個、枝からもぎとって、手渡してくれた。

「仕事の関係であちこち行きましたが、この風景がいちばんだと思いますよ」

地元在住で、奥さんと散歩中の福石忠さんは目を細める。

その絶景を正面に見ながら薩埵峠を下ると、旧東海道の由比宿《ゆいしゅく》だ。

「ここは、江戸時代の名主の館です」

街道の茶屋といった雰囲気の「小池邸」でひと休み。管理人、石切山すみ江さんの心をこめた手作りお菓子がうれしい。

そして、由比といえば、桜えび。駅から歩いて15分ほどの漁港の岸壁に、漁協直営の食事コーナー「浜のかきあげや」が平成18年春にオープン。休日には行列ができるとのこと。

揚げたての「桜えびのかきあげ丼」は、香りがたいへん良くて、おいしい。しかも安い。

由比港漁業協同組合、係長の八木孝二さんはいう。

「１２０隻で年間およそ45日しか桜えび漁はしません。貴重な資源ですから」

このあと、レンタサイクルで由比駅前から約10分の町立「東海道広重美術館」を訪ねた。

「浮世絵師・歌川広重の作品を１３００点ほど所蔵し、ひと月おきに入れ替えながら、60点ほど展示しています」

係長、横田泰之さんが説明してくれる。

午後は、東海道線の上り普通電車に乗って、由比から５つ目の吉原《よしわら》駅でおりる。

構内の隅で岳南《がくなん》鉄道の１両ぽっきりの電車が迎えてくれる。東京の京王井の頭線で活躍した３０００系の改造車だ。

電車がクラシックなら、駅もまたノスタルジーに満ちている。岳南鉄道に４つある有人駅に、券売機は置いていない。硬券やハサミが現役だ。

「吉原本町の『鯛屋《たいや》』という創業３２０年の旅館に行ってごらんなさい」

東海道広重美術館（☎0543・75・4454）は、旧東海道の賑わいをしのばせる由比本陣公園に隣接。

↑黄粉と黒蜜をまぶした蕨餅《わらびもち》（左）と、梔子ゼリー（右　冬〜春は甘酒で代用）。↓小池邸（☎0543・76・0611）で楽しめるお菓子。

↑由比町では、えび製品がいろいろ作られていて、天日干しをする光景も見られる。
←由比駅に停車する下り電車の向こうに富士山が顔を出す。JR東海では、いわゆる"湘南色"の113系電車が健在だ。

桜えび漁を行う小さな漁船が、由比漁港にひしめく。その横に見えているのが「浜のかきあげや」（☎0543・76・0001由比港漁業協同組合）。営業10AM〜15PM　月曜と祝日の翌日が定休。

→「浜のかきあげや」で食べた「桜えびのかきあげ丼」(550円)。屋根の下に約50人分の椅子とテーブルが並べてある。

↑線路の先に富士山が近づく。
↓鯛屋旅館（☎0545・52・0012）の玄関の壁に、古いが多数、飾ってある。

←（左）終点の岳南江尾駅に並ぶ元京王井の頭線の3000系電車。（右）岳南鉄道の吉原駅では駅員が切符にハサミを入れる。

駅員の草分正さんがすすめてくれる。

家並みと工場をぬい、正面に富士山が迫って、終点の岳南江尾《えのお》まで約20分。最高時速は45キロ。

乗ってきた電車で折り返して、旧東海道吉原宿に最寄りの吉原本町駅でおりた。

駅前から延びるアーケード商店街を歩く。それぞれの店の"売り"の商品名や店構えに、都会にはない個性が感じられて、過ぎ去った遠い時代が思い出される。

清水次郎長の定宿だったという『鯛屋』の玄関先には、古びた宿札がずらり。奥に「吉原本宿」が設けられている。

「最近はつけナポリタンの街として展開中です。吉原の名産品、商店街の"一店逸品"を展示販売しています。」

案内人の水谷利江子さんは、旅行者に喜んでもらおうと、はりきっている。

↓由比では、街道時代の雰囲気を残した家並みが随所で見られる。
←鯛屋旅館の玄関は「吉原本宿」の入口でもある。

岳南鉄道の旅プラン

東京　6:23　新幹線
▼　こだま561号
三島　7:27
三島　7:42　東海道線
▼　普通
興津　8:34　普通
薩埵峠を歩いて越えて、由比宿へ
由比　14:48　東海道線
▼　普通
吉原　15:04

吉原　15:28　岳南鉄道
▼
岳南江尾　15:49
岳南江尾　15:52　岳南鉄道
▼
吉原本町　16:07
昭和30年代・40年代の雰囲気を残す商店街吉原商店街、岳南商店街をそぞろ歩く
吉原本町　17:50　岳南鉄道
▼
吉原　17:55
吉原　18:02　東海道線
▼
三島　18:26　普通
三島　18:54　新幹線
▼　こだま584号
東京　19:56

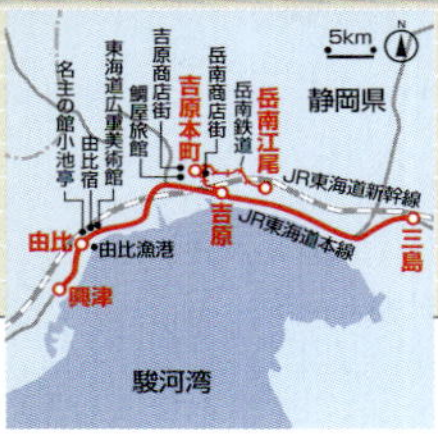

吉原駅は、東海道線のホームと岳南鉄道のホームが跨線橋でつながっている。岳南鉄道は、おおむね1時間に2本の運転だ。

昔懐かしい電車に揺られて、飯坂温泉の共同浴場を巡る

【東京発プラン――③】

福島交通

福島▼医王寺前▼飯坂温泉

福島交通飯坂線（通称、飯坂電車）は、ワンマン運転にあらず。車掌が、車内で切符を売る。銀色の金具で縁取りされた黒いカバンといい、大きなハサミといい、懐かしい唱歌の世界そのままだ。

「機械より、このほうが速いんですよ」

鉄道部長、斎藤國男さんは、笑う。

福島駅から飯坂温泉まで約20分。

「昔ながらの飯坂温泉のよさを、これからも守っていきたいと思っています」

観光協会の主任、畑中靖さんの話。

9つある共同湯の一つ、「導泉の湯」に入ってみた。足の指先が熱さにふるえる。

「源泉は60℃。湯船で朝は50℃。湯量も豊富で流しっぱなしだよ」

管理人の佐藤一弘さんは胸を張る。

「八幡湯」では、常連客の阿部信之さんがアドバイスしてくれた。

「がまん比べなんかせずに、周りの人に一声かけて、水でうめればいいんだ」

そして、この街ではいま、餃子が評判をよんでいる。専門店「照井」の主人、佐藤吉則さんは、気さくに〝秘話〟を明かしてくれた。

「うす皮で、全部手づくりということが、受けている理由ですね」

医王寺前駅から徒歩約15分で醫王寺に着く。源義経に仕えた佐藤継信、忠信兄弟の墓があることで知られ、松尾芭蕉も『奥の細道』の旅で訪れている。杉の巨木が並び、薬師如来をご本尊に仰ぐ古刹だ。

東京	6:28	新幹線
▼		つばさ101号
大宮	6:54	
▼		
福島	7:57	◎福島交通
福島	8:15	
▼		
医王寺前	8:35	
「平家物語」ゆかりの医王寺		
医王寺前	9:48	◎福島交通
▼		
飯坂温泉	9:53	
飯坂温泉の9つの共同湯を巡る		
飯坂温泉	18:10	◎飯坂電車
▼		
福島	18:32	新幹線
福島	18:47	
▼		
大宮	19:58	
▼		やまびこ64号
東京	20:24	

福島交通の旅プラン

福島交通は1時間におおむね2、3本の運転。福島駅でＪＲとホームを並べる。

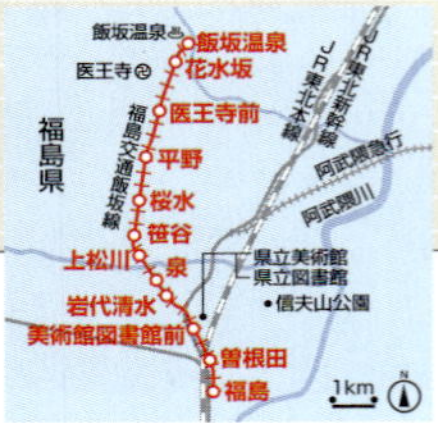

かつて東急の東横線・田園都市線などで活躍したステンレス製車体の7000系電車が、15年ほど前に移ってきて、今もかくしゃくとした走りを見せている。

昭和30・40年代に建てられた共同浴場に今も熱い湯があふれる

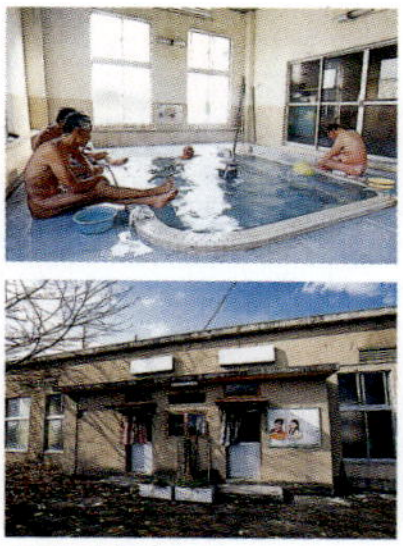

大門の湯
曜日をずらして、どこかの共同浴場が定休となっている。

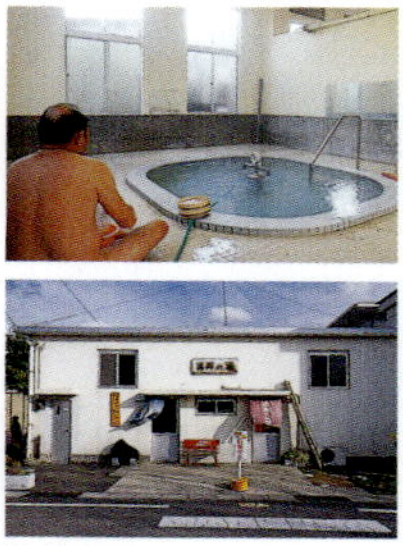

導専の湯
大人200円、㊢朝6時から夜10時までは、全部の共同浴場に共通。

仙気の湯
カランや腰掛はない。中央に3メートル四方の湯船。床はタイル張り。

十綱湯
十綱橋のたもとにあり、住宅街に近いので、いつも客がたえない。

中間車に新しく運転室を接合し、2両または3両編成に縮めて福島にきたので“顔”は変わっている。

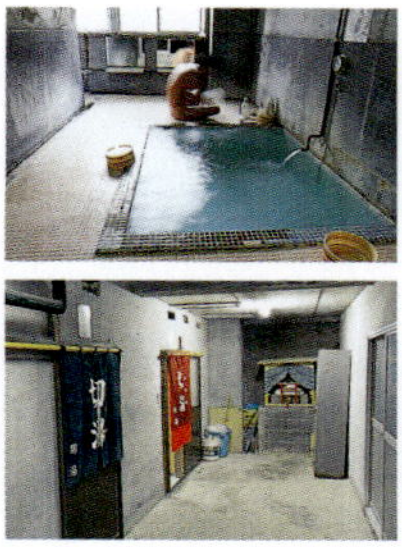

切湯
切湯古くからある源泉の一つ。切り傷によく効く湯といわれている。

鯖湖湯
飯坂温泉を代表する共同浴場。月曜定休。松尾芭蕉もはいったとか。

八幡
庭木の赤松が見事。温泉のお湯のおかげで元気に育っているのかも。

東京発、日帰りローカル線の旅5プラン

冬こそSL列車の白い煙が美しい大井川鉄道へ
大井川鐵道

川根温泉笹間渡駅に隣接する立寄り温泉を楽しんで、ＳＬ列車には、千頭からの帰りの便に乗る。冬であれば、機関車の吐き出す白い煙が車窓に流れて情緒万点。

▼

東京　7:18 東海道線
▼　特急東海1号
金谷　10:08 &普通
金谷　10:21
▼　大井川鐵道普通
川根温泉笹間渡 11:01
川根温泉ふれあいの泉
川根温泉笹間渡 12:10
▼　大井川鐵道普通
千頭　12:46
千頭　15:23 大井川鐵道
▼　SL急行
金谷　16:46
金谷　16:57 東海道線
▼　普通&新幹線
東京 19:23 こだま544号

梅の季節がきたらホリデー快速で青梅へ
青梅線

梅の咲く季節になったら、青梅線に乗る。勝仙閣（☎0428・78・8221）の個室で、昼食に柚寿膳を。なお、ホリデー快速は土曜・休日のみ、新宿～奥多摩に3往復の運転。

▼

新宿　8:19　ホリデー
▼　快速おくたま3号
青梅　9:16
映画看板の通り
昭和レトロ商品博物館
青梅　10:41
▼　青梅線普通
沢井 10:55
ゆずの里勝仙閣
御岳　13:11
▼　青梅線普通
二俣尾　13:21
吉川英治記念館
吉野梅郷
日向和田　16:47
▼　快速おくたま4号
新宿　17:49

冬の使者、コハクチョウに日帰りで会いに行く
秩父鉄道

コハクチョウは荒川に飛来する。竹膳料理は竹で作った器を用いる上品な和風料理。長瀞駅から有隣倶楽部まで徒歩約10分。

▼

新宿　7:31
▼　湘南新宿ライン
熊谷　8:38
熊谷　8:41 秩父鉄道
▼　急行
武川　8:52
白鳥の飛来地へ徒歩70分
武川　11:50 秩父鉄道
▼　普通
長瀞　12:24
有隣倶楽部（☎0494・66・0070）で竹膳料理の昼食
長瀞　14:15 秩父鉄道
▼　普通
秩父　14:34
秩父　15:26 西武
▼　快速急行
池袋　17:11

JR新宿駅発、東武“スペーシア”に乗って湯西川温泉へ
東武“スペーシア”

新宿からアプローチする旅。ＪＲと東武の特急が1日に2往復ずつ、相手の路線に直通乗り入れを行っている。

▼

新宿　7:12　特急
▼　スペーシア日光1号
下今市　9:00
下今市　9:11
▼　会津田島行き普通
湯西川温泉 9:58
湯西川温泉駅前 10:10
▼　東武ダイヤルバス
湯西川温泉　10:40
湯西川温泉　13:55
▼　東武ダイヤルバス
湯西川温泉駅前 14:25
湯西川温泉　14:40
▼　快速　AIZU
マウントエクスプレス
鬼怒川温泉　15:02
鬼怒川温泉　15:03
▼　特急　スペーシア
新宿　17:19

南房総の花畑へSL列車で行こう!
外房線・内房線

2月3・4・10・11・12日の5日間、内房線にＳＬ列車が走る。それに合わせて南房総の観光スポットでは、さまざまなイベントが開かれる。2人以上でのお出かけにお勧め。

▼

新宿　7:50　臨時特急
▼　新宿さざなみ
木更津　9:07
木更津　9:20　臨時特急
▼　SL南房総号
館山　12:00
館山　12:05　内房線
▼　普通
和田浦　12:31
和田浦の花畑を散策
江見　14:32　内房線
▼　普通
安房鴨川　14:42
安房鴨川　14:46　外房線
▼　普通
千葉　16:47

取材・文／松尾定行　撮影／助川康史

恵那山中に開けたレトロな街を散策する

【名古屋発プラン——①】

明知鉄道

恵那▼明智

見た目はグロテスクだが、一度食べてみるとやみつきになる蜂の佃煮は郷土料理としても有名。大正村には蜂のごはん（へぼわっぱ）がメニューに並んでいる店は多い。

遠くに木曽の山々を望む岐阜県恵那市。すぐそこは長野県という県境の町は市街地を少し離れれば、田園風景がどこまでも広がる。ここに大正時代のレトロな町並みが保存されているという。今日は一日、ここを走る鉄道を利用してノスタルジックな旅を楽しみたい。

第3セクター鉄道として誕生したこの明知鉄道は、恵那から明智までを、約1時間かけてゆっくりと走るが、昨今の市町村合併で沿線は恵那市と中津川市という、いわば市民の足として活躍している。

明知鉄道営業係長の若森慶隆さんによれば、

「路線全長が25・1キロと短いのですが、木曽川・庄内川・矢作川を越えていくので、起伏も多く、山中に分け入っていく風景を楽しめます。意外に名所旧跡もたくさんありますよ」

約30分ほど揺られると岩村駅に到着。岩村は昔の町並みが残されているので、散策するだけでも楽しい。明智駅方面からやって来た列車と、この駅ですれ違って、列車は再び走り出す。

恵那を出て50分ほどで終点の明智駅に到着。ここで下車して、歩くこと数分で日本大正村に到着。大正時代の町並みを残し、大正時代の展示品が飾られている博物館が点在している。なかでも圧巻なのは、大正村資料館に展示されている蓄音機の数々。

大正村の魅力について、日本大正村事務局長の大内是勇さんは語る。

「大正村を訪れた人に私が見ていただきたいなと思うのは、大正ロマン館に展示されている高峰三枝子さんの遺品ですね。日本を代表する女優として活躍した高峰さんの品々は60代以上の人には青春の思い出と重なる部分があるようで、感慨深げに見ている人も多いですよ。

また桜や紅葉の季節など、四季折々の風景が美しく、四季を通じて観光客がたくさん来ますよ」

さて、明知鉄道には12月～3月までの間、車内でじねんじょ料理を味わう臨時列車が運行している。

「このあたりは、寒天やじねんじょの産地でもあるので、何か地元密着のイベン

◉名古屋・大阪発
プラン作成
松本典久さん

1955年東京生まれ。
鉄道をテーマに『鉄道ファン』『にっぽん列車鉄道紀行』などにルポを発表。
近著は『昭和鉄道情景 路面電車篇』（彩流社）など。

大正村にある郵便局。
どこか懐かしさを感じさせる建物は、
メインストリートに立ち、
大正村のシンボルにもなっている。

レトロな雰囲気を醸し出している明智駅。もともとは「明知駅」だったが、明智光秀ゆかりの地であることから「駅名だけでも明智に」という要望が出され、昭和60年に変更した。

往時を彷彿とさせる建築物の数々をバックに記念撮影する観光客も多い。大正ロマン館からは、村全体が一望でき、絶景を楽しめる。

蓄音機のコレクションは
見ごたえのある展示品。
展示をしている大正村資料館は
銀行の繭倉を利用したもので、
大正ロマンを感じさせてくれる。

日本大正村

岐阜県恵那市明智町1884―3
☎0573-54-3944
入館料：3館共通500円
入館時間：10時～17時
（12月15日～2月末は10時～16時）
かつては蚕糸の町として栄えた
明智光秀ゆかりの大正村。
モダンな古い街並みからは、
大正ロマンを感じさせてくれる。

タイムスリップしたかのような感覚に陥るほどの、昔ながらの街並み。特に大正路地は趣があり、大正村の人気スポットになっている。

明知鉄道の旅プラン

名古屋　8:46
▼ JR中央本線快速
恵那　9:51
　　　10:30
▼ 明知鉄道普通
岩村　11:00
○町並み散策
岩村　14:00
▼ 明知鉄道普通
明智　14:19
○大正村見学
明智　17:17
▼ 明知鉄道普通
恵那　18:05
　　　18:18
▼ JR中央本線快速
名古屋　19:20

恵那―明智間1340円（往復）JR中央線　名古屋―恵那2220円（往復）

地元で採れたじねんじょがふんだんに食べられるじねんじょ列車。料理人が同乗して、おろしたてのとろろご飯のおかわりもでき、心行くまで楽しめる。じねんじょ列車の運行日は毎週木金土日。往復乗車料金込みで4000円。（要予約。明知鉄道☎0573-54-4101）

ト列車を走らせることはできないかと考えて、このイベント列車が走るようになったんです。

秋のきのこ列車も好評でしたが、じねんじょの独特の食感が好評でしかも旨い。健康にもいいことから、中高年の方々にはおすすめです」（若森さん）

実際、この列車を目当てに各地からたくさんの観光客がやって来るのだという。列車に揺られて古い町並みを眺めながら、地元で採れたじねんじょ料理を味わう……。ふるさとを感じる旅を贅沢に満喫できる列車旅行だった。

じねんじょ列車前面にはヘッドマークが取り付けられている。記念撮影する乗客の姿も。「ヘルシートレイン（寒天）」「きのこ列車」なども運行される。

壮大な藤原岳をバックに走る三岐鉄道。黄色い車両が田園風景によく映える。

【名古屋発プラン――❷】

三岐鉄道・三岐線

富田▼西藤原

貨物輸送の脇役列車に乗って“貨物の博物館”を訪ねる

三岐《さんぎ》鉄道の社名の由来は、三重県と岐阜県を結ぼうとしたことによる。しかし、実際は岐阜県まで到達していない。三岐鉄道の旅客運転は1時間に1本程度しか走っていなかったが、最近では30分に1本ほど運転されている。もともと三岐鉄道は藤原岳から産出するセメント原料を運ぶために設立された。

乗車してしばらく走ると、女性が自転車と一緒に乗車してきた。

「三岐線では、〃サイクルパス〃という制度があり、時間帯によっては車内に自転車を持ち込むことができるのです。主婦の買い物、週末のサイクリングなどに利用されています」

と解説するのは三岐鉄道営業総務課の新山仁さん。

さて、日本唯一の「貨物鉄道博物館」がある丹《に》生《う》川駅に到着。それにしても、どうして貨物列車なのだろう?

「最近、三岐鉄道は中部国際空港の埋め立て用地の土を運ぶなど貨物列車が活躍しています。そうした貨物の活躍を知ってもらうためにわが社ではボランティアの方々が運営しているこの博物館を支援しています」(新山さん)

同館では、英国製のSL車両や貨物輸送をテーマにしたジオラマなどを展示し、旅客とは一味違った貨物列車の世界を知ることができる。

「貨物だけじゃなく、大安《だいあん》図書館や鉄道のおもちゃ屋など、鉄道を楽しめるスポットが他にもあります。一日乗車券で回るのもいいんじゃないでしょうか」

とは大安図書館司書の辻眞理子さん。三岐鉄道沿線は日帰りではなく、2、3日間旅して回るのもよさそうだ。

三岐線の始発駅にもなっている近鉄富田駅は、近鉄との乗換駅で、三岐線でも随一の乗降客数を誇る。

引き込み線などには貨物車両がたくさん並び、時折、大編成の貨物列車が行き交う。

日本経済の根幹を支えてきた貨物列車。日本初の貨物鉄道博物館には、貴重な貨物列車の荷票などを見ることができる。

40トンのセメントを積載でき、効率良く荷物を降ろせるで、関係者から重宝された。現在は東藤原駅前に展示中。

積塩酸専用の貨物タンク。丸みを帯びた形状はかわいらしく感じるが、内部は腐食しないような工夫が凝らされている。

乗務員が二人乗ることができる構造が特徴的で、西濃運輸の貨物輸送に使用された実績もある。

貨物鉄道博物館

☎059-364-2141（三岐鉄道社内）
開館日：毎月第1日曜日（1月のみ第2日曜日）
開館時間10時〜16時

鉄道における貨物輸送が開始されてから130年を記念して開館した同館は、全国から貴重な貨物車両が集められて展示されている。

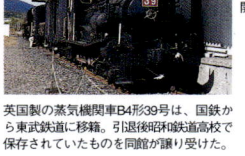

英国製の蒸気機関車B4形39号は、国鉄から東武鉄道に移籍。引退後昭和鉄道高校で保存されていたものを同館が譲り受けた。

三岐鉄道三岐線の旅プラン

近鉄名古屋　10:01
▼　近鉄急行　伊勢中川行き
近鉄富田　10:29
10:46
▼　三岐鉄道三岐線　西藤原行き
大安　10:36
○大安駅内にある
鉄道図書館を見学する
大安　11:36
▼　三岐鉄道三岐線　西藤原行き
丹生川　11:42
○丹生川駅に隣接する
貨物博物館見学
○付近にレストランがないので
昼食は持参するのが望ましい
丹生川　14:17
▼　三岐鉄道三岐線　西藤原行き
西藤原　14:31
○鉄道公園のウィステリア鉄道、
ミニSL・新幹線などを見学
⌇

⌇
西藤原　16:40
▼　三岐鉄道三岐線　近鉄富田行き
近鉄富田　17:29
17:32
▼　近鉄急行　近鉄名古屋行き
近鉄名古屋　18:03

近鉄名古屋駅ー近鉄富田1080円（往復）三岐線内一日乗車券1000円

のどかに走る三岐線の先頭車両からは沿線風景が見渡せる。田園風景の中に貨物列車が留置されている姿からは、工業で発展してきた三岐線の歴史を垣間見ることができる。

その他の名古屋発、日帰りローカル線の旅プラン

日間賀島を訪れ新鮮な魚料理を堪能する

名鉄○名古屋〜河内〜豊橋

愛知県内では三河湾に浮かぶ日間賀島は最大の観光地で美味しい魚が食べられることでも知られている。鉄道・バス・フェリーを使って三河湾を旅する。

名鉄名古屋　9:16
▼　特急　富貴駅乗り換え
河内　10:05
▼　フェリーのりば徒歩7分
河内　10:15
▼　フェリー
日間賀島　10:35
○島内散策
日間賀島　15:25
▼　フェリーで伊良湖
伊良湖　17:37
▼　豊橋鉄道バス伊良湖本線
田原駅前　17:49
▼　豊橋鉄道渥美線
豊橋　20:32
▼　名鉄本線　快速特急
名鉄名古屋　21:21

快速みえと特急南紀で行く、伊勢神宮と松阪牛

関西・紀勢○名古屋〜伊勢市

名古屋から快速みえに乗車すると、伊勢市まではわずか1時間半で到着してしまう。伊勢神宮はお伊勢さんで親しまれる由緒正しき、神宮。内宮・外宮の2つ分かれていて、参拝するならまずは外宮からが正しい順路。伊勢神宮以外にもおかげ横町で名物の赤福を頬張りながら散策するのも楽しい。伊勢まで来たら、本場の松阪牛を味わいたい。

名古屋　09:30
▼　快速みえ1号
伊勢市　10:56
○伊勢神宮を参拝
伊勢市　17:04
▼　快速みえ20号
松阪　17:24
○松阪牛を味わう
松阪　19:49
▼　快速みえ24号
名古屋　21:02

JRと名鉄で行く湖畔のみかん狩りと豊川稲荷参拝

東海道線・名鉄線

みかんの名産・三ヶ日を東海道本線と天竜浜名湖鉄道で訪問して、みかん狩りを体験する。また豊川稲荷を参拝して、門前町を散策。帰途は名鉄の直通急行に乗車。

名古屋　08:20
▼　東海道本線特快
新所原　09:32
▼　天竜浜名湖鉄道
三ヶ日　09:54
○みかん狩りなどを楽しむ
三ヶ日　14:06
▼　天竜浜名湖鉄道
新所原　14:32
▼　東海道本線普通
豊橋　14:28
▼　飯田線普通
豊川　14:42
○豊川稲荷参拝
豊川稲荷　17:25
▼　名鉄豊川線　急行
名鉄名古屋　18:33

ワイドビュー飛騨で小京都・高山と下呂温泉を行く

JR高山本線○名古屋ー高山

小京都としても知られる高山を旅するにはワイドビューひだが便利だ。大阪発着もあり関西方面からのアクセスも充実。高山からはローカル線旅情溢れる普通列車で下呂へ。草津・有馬と並んで、日本三大名湯に数えられる下呂温泉。足湯などもあって日帰りでも楽しめる。温泉の周辺には、白川郷から移築された合掌造りの民家が並んでいる。

名古屋　8:43
▼　ワイドビューひだ
高山　10:52
○高山の街を散策
高山　14:48
▼　高山本線　普通
下呂　15:53
○下呂温泉と合掌造り
下呂　18:27
▼　ワイドビューひだ
名古屋　20:09

雪見を見ながらしし鍋をつつき、織部の里を訪ねる。

JR東海道本線・樽見鉄道

樽見鉄道では、毎週木曜日に列車の中でしし鍋を食べられるしし鍋列車が運行している。茶人・陶芸家の古田織部にちなむ織部駅や、淡墨桜と温泉が有名な樽見駅が観光地として人気がある。

名古屋　08:24
▼　特快　大垣行き
大垣　08:42
09:07
▼　樽見鉄道本巣駅で乗り換え
織部　12:41
○織部展示館などを見学
織部　14:11
▼　樽見鉄道
樽見　14:42
○淡墨桜や温泉を楽しむ
樽見　16:26
▼
大垣　17:39
▼　東海道　新快速
名古屋　18:10

伝統のフェスティバルカラーをベースにしたケーブルカーは、六甲の大自然にも調和するカラーリング。

六甲の山を神戸港から望む。六甲山はケーブルカーとロープウェーを乗り継いで越えると、目的地の有馬温泉に到着する。

全長5キロにも及ぶロープウェイに乗車すると、有馬温泉街を見下ろす絶景を楽しめ、六甲山を越える感覚が実感できる。

ケーブルカーの沿線には、手を伸ばせば花々に触れられるぐらい間近に大自然が残っている。

六甲山を越えて日本三古湯・有馬温泉に浸かる

【大阪発プラン―①】六甲ケーブル・六甲有馬ロープウェー・神戸電鉄

阪急六甲駅▼有馬温泉▼神戸電鉄新開地駅

六甲山は神戸市のすぐ背後に控えた標高900メートル余りの山。この山の向こうに開湯1300年とも言われる古湯「有馬温泉」がある。今回は、さまざまな列車に乗車し、鉄道の旅を楽しみながら、有馬温泉に浸かろうという1日の旅だ。

まずは大阪阪急梅田駅から阪急電車で六甲駅へ。さらにバスに10分ほど揺られるとケーブル下駅に到着。六甲ケーブル線は、神戸市電の車両をイメージしたデザインなので、どこか懐かしさを感じさせてくれる。最大勾配は26度とそれほど急ではないが、1・7キロ、高低差約500メートルを一気に駆け上がる快感は何とも言えない。

窓ガラスのない車両もあって、沿線の草花がすぐ間近に愛でることができる。

「沿線は夏はあじさい、秋は紅葉が人気ですが、冬場はさざんかやピラカンサなどたくさんの花が咲いているシーズンでいろいろな花が楽しめます。1月26日～29日には六甲山氷の祭典という、六甲の一大イベントですので、遠方からやって来る人も多いんですよ」

と教えてくれたのは車掌の天野實さんだ。

六甲山上駅からロープウェーのりばまでバスで移動。有馬温泉と六甲山頂とを結ぶ六甲有馬ロープウェーは全長5キロ、約12分の長い空中散歩が楽しめる。山を越えると、有馬温泉の温泉街が見えてくるという大パノラマビューを楽しめるのもロープウェーならでは。温泉街はぶらりと散策するだけでも情緒があって楽しめるが、オススメポイントを有馬温泉観光協会事務局長の和田耕次さんに聞いてみた。

「有馬温泉は関西の奥座敷ですから日帰りで大阪・神戸から頻繁にやって来る人が多いんですが、人気があるのは湯本坂です。この道の一部は太閤秀吉が有馬に来るときに通った道だと言われ、昔の面

ロープウェーのりばは六甲山の山頂付近にある。循環バスも発着しているので、アクセスも悪くなく、利用者はたくさんいる。

関西の奥座敷とも言われる有馬温泉の日帰り入浴施設。金の湯では赤色をした金泉を650円で、手軽に楽しむことができる。

温泉街の中でも、ひときわ人通りの多い金の湯前。老若男女を問わず、多くの人から有馬温泉が愛されていることが窺える。

(左)山間地を走る神戸電鉄は、急勾配やトンネルが多いが、通勤路線としての顔もある。(下)学問の神様・天神社からわき出る天神源泉は有馬の代表的な温泉源。

影が残っているんです」
　湯本坂は小径だが有馬温泉のメインロードでもある。坂を登って行くと人通りが一段と激しい一画に出くわす。ここが有馬温泉でも一番人気の高い外湯・金の湯だ。有馬温泉は日本書紀にも記述されている歴史ある温泉。関西では随一の人気を誇る。日帰り入浴施設は金の湯と銀の湯があり、どちらも観光客には人気だ。金の湯の脇には足湯などもあり、こちらは老若男女が楽しめるため、一家で楽しんでいる姿も多く見える。

　帰途は違うルートで戻ってみよう。神戸電鉄に乗車して、六甲の山々を下り、新開地駅に到着。ここからは阪神に乗り換える。新開地駅はこれまでライバルだった阪急とホームを挟んで並ぶ。新開地から阪神の特急に乗車すると、わずか40分で梅田に到着。たくさんの電車に乗り、さらに有馬温泉も楽しむという贅沢な一日旅はこうして終わった。

(左)湯本坂を登ったところにある銀の湯は、金の湯に比べると隠れ家的な印象を受ける。(右)お湯は炭酸源泉にラジウム泉をブレンドしている。浴後はすっきりとした感じがする。

六甲有馬温泉の旅プラン

阪急梅田　9:10
▼ 特急
岡本　9:31
　9:34
▼ 阪急電車普通
六甲　9:39
阪急六甲　9:46
▼ 神戸市営バス16系統
ケーブル下　9:56
　10:13
▼ 六甲ケーブル
六甲山上　10:23
　10:40
▼ 山上循環バス
六甲山頂　10:50
　10:53
▼ ロープウェー
有馬温泉　11:03
有馬温泉　11:26
▼ 循環バスもしくはタクシー
有馬温泉駅前　11:35
〜

〜
○温泉街散策
有馬温泉　18:10
▼ 神戸電鉄普通
有馬口着　18:14
　18:14
▼ 神戸電鉄準急
新開地　18:49
　18:53
▼ 阪神電車直通特急
阪神梅田　19:30

六甲有馬ロープウェーの片道料金は980円。六甲ケーブルの片道料金は570円。往復割引などあり。

日本海へ一直線 敦賀の旧跡と味を愉しむ

【大阪発プラン――②】

北陸本線

大阪▼敦賀

大阪・名古屋方面と北陸とをつなぐ北陸本線は頻繁に特急が往来することから、鉄道ファンは「特急街道」とも「特急銀座」とも呼ぶ。これまで北陸本線には大阪から北陸に直通する普通電車がなかった。ところが2006年10月のダイヤ改正で、大阪から敦賀まで直通する新快速が誕生。福井県敦賀市へ、新快速で旅に出てみよう。

北陸本線の新快速に運用されているのは223系。座席は転換式クロスシートで、団体で旅行をするにも適している。北陸本線のウリはバリエーションに富んだ車窓風景で、田村駅―長浜駅間では、遠目に琵琶湖を、余呉駅では余呉湖を見ることができる。上り方面限定だが新疋田駅―敦賀駅間ではループ線を体感できる。

さて、敦賀駅に到着したら、敦賀の街が一望できる金ヶ崎宮に足を向ける。桜の名所でもある金ヶ崎宮には今春は多くの観光客が訪れることになりそうだ。次は日本三大松原の氣比の松原や赤レンガ倉庫、旧敦賀港駅舎を散策してみるのもいいだろう。

「敦賀は貿易の拠点として明治時代まで栄えていました。昭和初期までは東京から敦賀港を経て、ウラジオストック、ベルリンまで走る欧亜国際連絡列車が運行されるなど、国際的な都市として発展してきた歴史があるんです」

と、敦賀商工会議所おもてなし大使を務める和佐尚浩さんは解説する。和佐さんのイチオシは、北陸唯一の官幣大社・氣比神宮。北陸の総鎮守でもあり、日本

大阪から北陸本線・湖西線の快速電車が直通するようになった敦賀駅。大阪方面からの観光客や大阪に通勤するビジネスマンも増えているという。

転換クロスシートの223系の車内は、ゆっくりと車窓を眺めることもでき、北陸の旅を満喫することができるだろう。

注目される新快速の効果が現れれば、今後、敦賀までの直通する電車が増発される可能性もあるだろう。

敦賀の街と敦賀港を一望できる金ヶ崎宮は、新田義貞が足利尊氏との戦で篭城したと言われる城址がある。そうした歴史遺跡を一目見ようと訪れる観光客も多い。

三大鳥居にも数えられる風格ある赤い鳥居は息を呑むほどの美しさを放っている。

市内散策でお腹が空いたら、敦賀名物のソースカツ丼を食べにヨーロッパ軒に足を運ぶ。

「敦賀っ子はカツ丼と言えば、やっぱりソースカツ丼なんですね。進学などで市外に出た人が、帰省すると、『食べたくなる』って店に来てくれるんです。最近は、観光客の人もソースカツ丼を食べに来店する人も多いですね」

と笑顔を見せるのはヨーロッパ軒の杉本さよ子さん。

北陸本線・湖西線の日本海直通で注目されている敦賀に、この冬出かけてみれば新しく楽しい旅を満喫できるだろう。

滋賀県と福井県の境は、山と山が険しく迫る山間地。電車ゆっくりと山の間を走り抜けていく。ループ線は撮影ポイントとしても人気。

北陸本線の旅プラン

大阪　9:00
▼　JR北陸本線
長浜　10:34
　　　11:13
▼　JR北陸本線
近江塩津　11:35
　　　12:01
▼　JR北陸本線
敦賀　12:14
○敦賀市内を散策
敦賀　18:55
▼　JR北陸本線
大阪　21:13

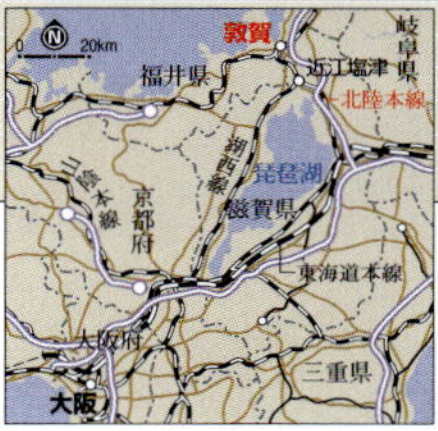

すぐ向こうには、雄大な日本海が波打ち、敦賀港が貿易面でも交通面でもユーラシア大陸の玄関口だったという歴史を今に伝えている。

旧敦賀港駅

異国情緒を感じさせる洋風建築の赤レンガ倉庫。港町で育まれた文化を感じさせ、国際都市の風格を放つ、ひときわ目立つ存在。

赤レンガ倉庫

ボリューム満点のソースカツ丼だが、お客の中には食べ足りなくておかわりする人も。本店☎0770-22-1468敦賀市相生町2-7

ヨーロッパ軒

その他の大阪発、日帰りローカル線の旅プラン

南海電車に乗って世界遺産・高野山を参拝する

南海高野線○難波～極楽橋

都会から山岳地帯へ一気に達するのが南海高野線だ。高野山は標高864メートルにある真言密教の聖地で、世界遺産に登録されている。根本大塔や壇上伽藍など、すべてを見て回るには日帰りでは無理だが、午前早めに着いていると主要な施設を空いている時間に巡ることができる。

難波　08:30
▼　南海特急こうや1号
極楽橋　09:49
　　　09:55
▼　南海高野山ケーブル
高野山　10:00
○高野山を参拝
高野山　16:15
▼　南海高野山ケーブル
極楽橋　16:20
　　　16:27
▼　南海特急こうや10号
難波　17:48

京都の登山電車で天狗が暮らす神秘の鞍馬山へ

叡電鞍馬線○出町柳～鞍馬

鞍馬へは、できればパノラマ車両「きらら」を利用したい。雪の鞍馬山は一層幽玄さを増すが、足元が悪くなるので注意が必要となる。

京橋　08:36
▼　京阪本線特急
出町柳　09:25
　　　09:30
▼　叡山電鉄叡山本線
鞍馬　10:00
○鞍馬山を参拝、
　木の根道など歩く
貴船口　16:07
▼　叡山電鉄鞍馬線
出町柳　16:34
　　　16:40
▼　京阪鴨東線・淀屋橋行
東福寺　16:51
　　　16:54
▼　JR奈良線
京都　16:56

大和路快速で飛鳥の地へ古代の歴史探訪

JR桜井線○奈良～桜井

奈良を離れると、鄙びた田園の風景が広がる。最古の宮道「山辺の道」に沿って列車は進み、数々の古墳が見える。桜井で下車後、大和三山（天香具山、耳成山、畝傍山）を眺めながら歩くのが楽しい。

大阪　08:43
▼　JR大和路快速
奈良　09:32
　　　09:38
▼　JR桜井線
桜井　10:07
○飛鳥三山などを巡る
八木西口　16:50
▼　近鉄橿原線
大和八木　16:51
　　　17:01
▼　近鉄大阪線急行
鶴橋　17:35
　　　17:40
▼　JR大阪環状線
大阪　17:54

長閑な田園風景から古い町並みが残る街道の商人町へ

近江鉄道○米原～近江八幡

東海道本線とほぼ並行して走る路線だが、田園風景の穏やかな風景が延々と続く。五箇荘や八日市などは、古来近江商人の拠点だった町。今回はその中でも近江八幡を歩いてみたい。商家の町並みが美しく残されており、資料館、屋形船など観光施設は豊富だ。

大阪　08:30
▼　JR東海道本線新快速
米原　09:54
　　　10:10
▼　近江鉄道本線
八日市　10:57
　　　11:04
▼　近江鉄道八日市線
近江八幡　11:23
○市内散策
近江八幡　17:10
▼　JR東海道本線新快速
大阪　18:13

いちご電車&ラピートで和歌山を漫遊する

わかやま電鉄○和歌山～貴志
南海電鉄○泉佐野～難波

南海電鉄から事業を引き継いだわかやま電鉄は、赤と白のかわいらしい「いちご電車」を運行させている。ラピート号との対比を楽しみたい。

天王寺　08:33
▼　JR紀州路快速
和歌山　09:36
　　　09:43
▼　わかやま電鉄貴志川線
貴志　10:14
○周辺散策
貴志　11:20
▼　わかやま電鉄貴志川線
和歌山　11:52
○市内散策
和歌山市　16:00
▼　南海線特急
泉佐野　16:27
　　　16:44
▼　ラピートβ56号
難波　17:14

取材・文／小川裕夫　撮影／片山貴博　写真／真島満秀写真事務所、佐々倉実

kkojin 一個人 特別編集

豪華寝台列車とローカル線の旅

2008年11月25日 初版第1刷発行

編　者　一個人編集部

発行者　栗原幹夫

発行所　KKベストセラーズ
〒170-8457　東京都豊島区南大塚2丁目29番7号
電話　03-5976-9121（代）
　　　03-5961-2318（編集部）
振替　00180-6-103083
http://www.kk-bestsellers.com/

装　幀　野村高志+KACHIDOKI

印刷所　凸版印刷株式会社

製本所　凸版印刷株式会社

ISBN978-4-584-16592-8 C0026